宁波市地方标准规范

城市桥梁养护技术规程

Technical specification for maintenance of city bridges

DB 3302/T 1082—2017

主编单位:宁波市市政管理处
参编单位:宁波市城市管理研究中心
　　　　　宁波大学
批准单位:宁波市质量技术监督局
施行日期:2017 年 9 月 25 日

浙江工商大学出版社
ZHEJIANG GONGSHANG UNIVERSITY PRESS

图书在版编目(CIP)数据

城市桥梁养护技术规程 / 宁波市质量技术监督局发布. —杭州：浙江工商大学出版社，2017.10
ISBN 978-7-5178-2393-3

Ⅰ. ①城… Ⅱ. ①宁… Ⅲ. ①城市桥－保养－技术规范 Ⅳ. ①U448.155.7－65

中国版本图书馆 CIP 数据核字(2017)第 247953 号

城市桥梁养护技术规程

宁波市质量技术监督局　发布

责任编辑	张婷婷	
封面设计	林朦朦	
责任印制	包建辉	
出版发行	浙江工商大学出版社	
	（杭州市教工路 198 号　邮政编码 310012）	
	（E-mail：zjgsupress@163.com）	
	（网址：http://www.zjgsupress.com）	
	电话：0571-88904980，88831806（传真）	
排　　版	杭州朝曦图文设计有限公司	
印　　刷	杭州五象印务有限公司	
开　　本	850mm×1168mm　1/32	
印　　张	4.25	
字　　数	106 千	
版 印 次	2017 年 10 月第 1 版　2017 年 10 月第 1 次印刷	
书　　号	ISBN 978-7-5178-2393-3	
定　　价	28.00 元	

前　　言

本标准按 GB/T 1.1—2009 给出的规则起草。

本标准由宁波市城市管理局提出并归口。

本标准起草单位:宁波市市政管理处、宁波市城市管理研究中心、宁波大学。

本标准起草人:邓水源、冯科、俞斯达、何天涛、曹燕、唐春燕、陈文金、张洁敏、刘干斌、钱宝源、陈忠。

引　言

根据宁波市质量技术监督局〔2016〕93号文件的要求,由宁波市市政管理处、宁波市城市管理研究中心、宁波大学在广泛调查研究、认真总结国内外科研成果及我市工程实践经验,以及《城市桥梁养护技术规范》(CJJ 99)等规范基础上,制定本规程。

城市桥梁养护要本着"早修早养、小修小养、勤修勤养、精修精养"的管理理念,注重新材料、新技术和新工艺的应用。为促进宁波市城市桥梁的养护维修规范化、标准化,提高养护维修技术和管理水平,本规程既注重与相关规范的协调、衔接,又注重结合宁波市城市桥梁养护维修实践,突出了地方特色,体现了客观性、科学性。

目 次

1 范围

本标准规定了城市桥梁养护技术规程的术语和定义、总则、桥梁检测评估、桥面系及附属设施养护、上部结构养护、支座养护、下部结构养护、人行天桥养护、桥梁安全防护、养护作业安全管理和养护工程检查及验收。

本标准适用于宁波市竣工验收后交付使用的城市桥梁的养护维修,包括跨江河桥梁,城市道路上的跨线桥、立交桥、人行桥。城市道路上高架桥部分内容的养护可参考执行。

本标准不适用于轨道交通高架及隧道的养护。

2 规范性引用文件

下列文件对于本文件的应用是必不可少的。凡是注日期的引用文件,仅所注日期的版本适用于本文件。凡是不注日期的引用文件,其最新版本(包括所有的修改单)适用于本文件。

GB/T 1228 钢结构用高强度大六角头螺栓

GB 50212 建筑防腐蚀工程施工及验收规范

GB 50923 钢管混凝土拱桥技术规范

CECS 146 碳纤维片材加固混凝土结构技术规程

CJJ 2 城市桥梁工程施工与质量验收规范

CJJ 11 城市桥梁设计规范

CJJ 36 城镇道路养护技术规范

CJJ 99 城市桥梁养护技术规范

JTG/T J21 公路桥梁承载能力检测评定规程

JTG/T J21-01 公路桥梁荷载试验规程

CJJ/T 233 城市桥梁检测与评定技术规范

JTG H11 公路桥涵养护规范

JTG/T J22 公路桥梁加固设计规范

JGJ 80 建筑施工高处作业安全技术规范

JGJ 46 施工现场临时用电安全技术规范

DB32/T 1648 大跨径悬索桥和斜拉桥养护规范

DB33/T 1097 城市桥梁检测技术规程

DB33/T 1098 城市桥梁与隧道运行管理规范

DB33/ 707 有限空间作业安全技术规程

DB3302/T 1069 城市道路养护技术规程

3 术语和定义

下列术语和定义适用于本文件。

3.1 桥梁养护

为保持桥梁及附属设施的正常使用而进行的检测评定、经常性保养及维修作业，是预防和修复桥梁的损坏及为提高桥梁使用质量和服务水平而进行的局部整修。

3.2 桥面系

上部结构中直接承受车辆、人群等荷载并将其传递至上部结构主要承重构件的整个桥面构造系统，包括桥面铺装、桥面板、纵梁、横梁、伸缩装置、桥头搭板、排水系统、人行道、护栏等。

3.3 上部结构

桥梁支座以上(无铰拱起拱线或框架底线以上)跨越桥孔部分的总称。

3.4 下部结构

支承桥梁上部结构并将其荷载传递至地基的桥墩、桥台和基础的总称。

3.5 特殊结构桥梁

结构受力较复杂和在养护方面有特殊要求的桥梁，如钢-砼组合桥、悬索桥、吊杆拱桥、斜拉桥等。

3.6 桥梁检查

为掌握桥梁技术状况,及时发现问题和采取相应的养护措施,对桥梁各部分的技术状况进行的检查工作,包括经常性检查、定期检查、应急检查和专门检测。

3.7 桥梁状况指数

用于评价城市桥梁技术状态的指标,根据现行行业标准《城市桥梁养护技术规范》(CJJ 99)的相关规定计算评定。

3.8 保养小修

对城市桥梁及附属设施进行日常保养和修补其轻微损坏部分,使之保持完好状态。

3.9 中修工程

对城市桥梁及附属构造物一般性磨损和局部损坏进行定期修理加固,以恢复原状况的小型工程项目。

3.10 大修工程

对城市桥梁进行周期性的、综合性的修理,或对桥梁较大损坏进行的修理,以全面恢复到原有的技术状况和设计标准所进行的修复工程。

3.11 加固、改扩建工程

对城市桥梁因不适应现有的交通量、载重量增长的需要及桥梁结构严重损坏,需恢复和提高技术等级标准,显著提高其运行能力的工程。

3.12 桥下空间

桥梁垂直投影面以下,除水面、铁路、道路以外的空间及场地。

3.13 安全保护区域

城市桥梁垂直投影面周边一定范围内的水域或陆域。

3.14 作业控制区

桥梁养护维修所设置的交通管理区域,分为警告区、上游过渡区、缓冲区、作业区、下游过渡区和终止区等六个区域。

3.15 桥梁养护管理系统

通过对桥梁结构性能数据的采集、分析,建立数据库,为桥梁使用性能评价和养护决策提供依据的计算机辅助统计决策系统。

4 总 则

4.1 一般规定

4.1.1 桥梁养护应遵循"预防为主,防治结合"的方针,树立预防性养护理念。

4.1.2 桥梁养护应使桥梁结构安全可靠,设施完好、外观整洁、标志齐全明显,桥面铺装坚实平整、行车舒适、排水良好,桥头连接顺适,附属设施齐备、完好,斜拉桥、悬索桥等宜加强自动化监测。

4.1.3 桥梁养护应确保桥梁上各种标志齐全、清晰。人行天桥、立交、通航河道上的桥梁必须设桥下限高标志,立交、跨河桥应设限载牌。

4.1.4 桥梁养护应推广应用新材料、新技术、新工艺、新设备。对采用新材料、新结构的桥梁,应制订专项养护方案,动态跟踪、积累资料。

4.1.5 桥梁检测可按 CJJ 99、CJJ/T 233 等规范、规程的相关规定执行。

4.1.6 桥梁大中修及改建工程应由相应资质的单位进行专项设计和施工,特殊部位的维修加固应编制专项施工安全技术方案,并经评审后组织实施。

4.1.7 桥梁大修、中修、改建工程完工后,宜按 CJJ 99、CJJ 2的规定进行验收,工程资料应及时整理归档。

4.1.8 在城市桥梁上增加静荷载(构筑物、风雨篷、广告牌、管线等)必须满足桥梁安全技术要求。禁止在城市桥梁上架设 10KV 以上的高压电力管线及 0.4MPa 以上的易燃易爆压力管线。

4.1.9 对严重危及行人、车辆安全的病害或火灾、撞击等突发事件,养护单位应立即组织抢修,并及时补办相关手续。

4.1.10 桥下空间利用应符合《宁波市桥下空间管理办法》《宁波市桥下空间规划》等相关规定,并经市政设施主管部门同意,且不得影响桥梁安全、行洪安全、道路畅通、船舶通航安全和城市景观。

4.1.11 城市桥梁养护维修除应执行本规程的规定外,尚应符合国家及行业颁发的有关标准、规范的规定。

4.1.12 城市桥梁养护维修作业应采取有效的防尘、防噪措施,减小对环境的影响。

4.2 养护分类

4.2.1 城市桥梁按其多孔跨径总长或单孔跨径的跨度可划分为特大桥、大桥、中桥和小桥,见表1。

表1 城市桥梁按总长或跨径分类

桥梁分类	多孔跨径总长 L/m	单孔跨径 l_0/m
特大桥	L>1000	l_0>150
大桥	1000≥L≥100	150≥l_0≥40
中桥	100>L>30	40>l_0≥20
小桥	30≥L≥8	20>l_0≥5
涵洞	L<8	l_0<5
注:多孔跨径总长仅作为划分特大、大、中、小桥的一个指标。梁式桥、板式桥的多孔跨径总长为桥台台背前缘线之间桥中心线的长度;拱式桥为两岸桥台内起拱线间的距离;其他形式桥梁为桥面系车行道长度。		

4.2.2 城市桥梁养护分为五类,Ⅰ类为城市特大桥梁及特殊结构的桥梁;Ⅱ类为城市快速路网上的桥梁;Ⅲ类为城市主干路上的桥梁;Ⅳ类为城市次干路上的桥梁;Ⅴ类为城市支路和街

坊路上的桥梁。

4.2.3 根据城市桥梁养护维修工程性质、工程量大小、技术难易程度,养护工程宜分为保养、小修,中修,大修,加固、改扩建四类,且应符合下列规定:

a) 保养、小修:对城市桥梁进行日常维护和小修作业;

b) 中修:对城市桥梁的一般性损坏进行日常修理,恢复原有的技术水平和标准;

c) 大修:对城市桥梁的较大的损坏进行综合治理,全面恢复到原有技术水平和标准;

d) 加固、改扩建:对城市桥梁因不适应现有的交通量、载重量增长的需要及桥梁结构严重损坏,恢复和提高技术等级标准。

4.3 养护分级

4.3.1 根据 CJJ 99 的规定,城市桥梁养护划分为三个等级,且应符合下列规定:

a) Ⅰ等养护的城市桥梁应为Ⅰ~Ⅲ类养护的城市桥梁及Ⅳ、Ⅴ类养护的城市桥梁中的集会中心、繁华地区、重要生产科研区及游览地区附近的桥梁。应重点养护,巡检周期不应超过1天;

b) Ⅱ等养护的城市桥梁应为Ⅳ、Ⅴ类养护的城市桥梁中区域集会点、商业区及旅游路线或市区之间的联络线、主要地区或重点企业所在地附近的桥梁,应有计划地进行养护,巡检周期不宜超过3天;

c) Ⅲ等养护的城市桥梁应为Ⅴ类养护的城市桥梁及居民区、工业区的主要道路上的桥梁。可一般养护,巡检周期不宜超过7天。

4.3.2 根据 4.2.3 条规定的桥梁养护类别,其完好状态等级划分及养护要求应符合下列规定:

a) Ⅱ~Ⅴ类养护桥梁宜分为五个状态等级:

1）A级：完好状态，90≤BCI≤100，应进行日常保养；

2）B级：良好状态，80≤BCI≤89，应进行日常保养和小修；

3）C级：合格状态，66≤BCI≤79，应进行专项检测后保养、小修；

4）D级：不合格状态，50≤BCI≤65，应检测后进行中修或大修；

5）E级：危险状态，BCI<50，应检测评估后，进行大修、加固或改扩建。

b）Ⅰ类养护桥梁宜分为两个等级：

1）合格级：桥梁结构完好或结构构件虽有损伤，但不影响桥梁安全。应进行保养、小修；

2）不合格级：桥梁结构构件损伤，影响结构安全。应立即修复。

4.4 养护技术管理

4.4.1 城市桥梁应配设满足养护工作需要的管理用房、用地。特大桥梁的综合管理用房不宜小于 500m² ；一般桥梁应设立相应规模的综合管理用房，如多个桥梁相距位置较近、交通方便，也可集中设立综合管理用房。

4.4.2 城市桥梁应制订养护计划，养护作业宜实行标准化养护作业单元制度，优化作业人员和机具设备配置，规范养护作业方式，强化作业现场交通安全管理。占道维修时应经交通管理部门同意，交通导改措施应符合交通管理部门的有关规定。

4.4.3 城市桥梁养护、维修、加固作业时，须设置安全标志和安全防护设施。

4.4.4 城市桥梁养护宜实行桥梁养护工程师制度，并应按表 2 配备养护技术人员。

表 2 桥梁养护技术人员配备

养护类别	职称/数量(个)	专业	养护工作年限(年)
Ⅰ	高级≥2,中级≥4	桥梁工程相关专业	≥5
Ⅱ、Ⅲ	高级≥1,中级≥3	桥梁或结构工程	≥3
Ⅳ、Ⅴ	高级≥1,中级≥1	桥梁或结构工程	≥3

4.4.5 城市桥梁养护作业机械操作人员应持证上岗,并应做好机械的保养维修工作。

4.4.6 在城市桥梁安全保护区域从事其他工程作业,应提交城市桥梁养护管理部门审批,并接受监督;对可能影响城市桥梁结构安全的工程作业,应提交专项施工方案,并应进行专家论证。

4.4.7 城市桥梁养护档案应符合下列规定:

a) 养护档案应以一座独立桥梁为单位建档,各项作业记录、质检记录、计量记录等资料应及时整理、录入、归档;

b) 养护档案应包括主要技术资料,施工竣工资料,养护技术文件,巡检、检测、测试资料,养护作业资料,桥上架设管线、地下构筑物及管线穿越等技术文件及相关资料;

c) 养护档案管理工作应逐步应用电子化、数据化、利用多媒体技术,建立信息管理系统、数据库。

5 桥梁检测评估

5.1 一般要求

5.1.1 城市桥梁检测评估应根据其内容、周期、评估要求分为经常性检查、定期检测、特殊检测,其中定期检测分为常规定期检测和结构定期检测。

5.1.2 城市桥梁的检测评估内容和监控测试应符合CJJ 99、CJJ/T 233的相关规定执行,桥梁材质和结构受力状况的监测可按JTG/T J21的相关规定执行。

5.1.3 在城市桥梁技术状况检测评估时,因主要构件损坏,影响结构安全时,Ⅰ类养护的城市桥梁应判定为不合格级,并应立即安排修复;Ⅱ~Ⅴ类养护的城市桥梁应判定为D级,并对桥梁进行结构检测或特殊检测。

5.2 经常性检查

5.2.1 经常性检查应对城市桥梁的结构变异、桥面系、限载标志、交通标志及其他附属设施等状况进行日常巡检,并对桥梁安全保护区进行巡检。

5.2.2 经常性检查的负责人应具有桥梁或相关专业学历,具有3年以上桥梁养护管理相关工作经验,具有工程师以上职称。经常性检查技术人员应具有桥梁或相关专业学历,具有1年以上工作经验。

5.2.3 经常性检查宜以目测为主,辅以简单量测工具,并应现场填写《城市桥梁日常巡检日报表》(日常巡检病害记录及相关报表应根据城市桥梁不同结构类型填写,并应符合附录A

表 A.1—表 A.4 的要求），登记所检查城市桥梁的缺损类型、损坏程度描述、维修工程量，并提出相应的养护措施。

5.2.4 巡检过程中发现设施明显损坏，影响车辆和行人安全，应及时采取相应维护措施，并应立即向主管部门报告。

5.2.5 经常性检查应按桥梁的类别、级别、技术等级分别制定巡检周期及频率。城市桥梁的巡检频率应符合下列规定：

a）Ⅰ 等养护的城市桥梁巡检不应超过 1 天；

b）Ⅱ 等养护的城市桥梁巡检不宜超过 3 天；

c）Ⅲ 等养护的城市桥梁巡检不宜超过 7 天；

d）对重要的桥梁、E 级桥、桥区施工，或遇恶劣天气、汛期、雨季、冰冻等特殊情况，应增加巡检频率；特殊情况可设专人看护；

e）人行天桥巡检不应超过 1 天；

f）斜拉桥、悬索桥、系杆拱桥应每天对缆索或吊杆进行一次以目测为主的检查；

g）城市桥梁的经常性检查内容及检查方式可按附录 B 中表 B.1 的相关规定执行。

5.2.6 经常性检查的检查人员及检查范围宜相对固定，养护管理单位应根据检查经验合理分工，配置必要的检查人员，并应实行岗位责任制。

5.2.7 城市桥梁检查应实行复查制度，养护单位应定期组织专业技术人员对管养桥梁技术状况进行复查。

5.3 定期检测

5.3.1 常规定期检测

5.3.1.1 常规定期检测应由专职桥梁养护工程技术人员负责，并制订相应的定期检测计划和实施方案。

5.3.1.2 常规定期检测的负责人应为具有桥梁或相关专业学历，并具有 5 年以上相关工作经验的工程师。常规定期检测技术人员应具有桥梁或相关专业学历,具有至少 3 年相关工作经验。

5.3.1.3 常规定期检测应每年一次,可根据城市桥梁实际运行状况和结构类型、周边环境及有无地下工程等适当增加检测次数。

5.3.1.4 常规定期检测宜按里程递增方向进行,检测顺序宜由上部结构到下部结构。

5.3.1.5 常规定期检测宜以目测为主,并应配备如照相机、裂缝观测仪、探查工具及现场的辅助器材与设备等必要的量测仪器。

5.3.1.6 城市桥梁常规定期检测应包括下列范围:

a)桥面系:桥面铺装、桥头搭板、伸缩装置、排水设施、人行道、护栏等;

b)上部结构:主梁、主桁架、主拱圈、横梁、横向联系、主节点、挂梁、联结件、主缆、吊杆、索鞍、索夹、锚碇、斜拉索、索塔、桥塔、锚头等,重点检测部位见附录 B 中表 B.2;

c)下部结构:支座、盖梁、墩柱、台帽、台身、翼墙、锥坡及河床冲刷情况,重点检测部位见附录 B 中表 B.3;

d)大桥、特大桥及特殊结构桥梁应对桥梁的桥面线形、墩台沉降进行观测,并应与上一年度检测的桥面线形及墩台沉降观测值进行对比、分析。

5.3.1.7 城市桥梁常规定期检测应包括下列内容:

a)对照城市桥梁资料卡(应符合附录 C 中表 C.1—表 C.4 的相关要求)现场校核城市桥梁的基本数据;

b)填写桥梁常规定期检测记录表,记录各部件缺损状况并做出技术状况评分;

c)实地判断损坏原因,估计维修范围、部位和方案;

d)对难以判断其损坏程度和原因的构件,提出做特殊检测的建议;

e）对损坏严重、危及安全的城市桥梁,提出限载以至暂时限制交通的建议;

f）根据城市桥梁技术状况,确定下次检测的时间。

5.3.1.8 桥面系、上部结构和下部结构的常规定期检测主要内容及检查方式应按附录 D 中表 D.1、表 D.2、表 D.3 执行。

5.3.1.9 桥梁常规定期检测除应满足 5.3.1.8 外,对于斜拉桥、悬索桥、拱桥及基础薄弱桥梁的沉降,独柱式桥墩侧向倾角,I 类养护的桥梁空间形位以及拉索索力和吊杆拉力应委托具有相应资质的专业检测单位实施,检测频率为 1 次/年。

5.3.1.10 支座的常规定期检测内容及要求:

a）支座组件是否完好、清洁,有无断裂、错位、脱空;

b）活动支座是否灵活,实际位移量是否正常,固定支座的锚栓是否完好;

c）支承垫石是否有裂缝、破损、开裂、露筋;

d）简易支座的油毡是否老化、破裂或失效;

e）橡胶支座是否老化、开裂,有无过大的剪切变形或压缩变形,各夹层钢板之间的橡胶层外凸是否均匀;

f）四氟滑板支座是否脏污、老化,四氟乙烯板是否完好,橡胶块是否滑出钢板;

g）盆式橡胶支座的固定螺栓是否剪断,螺母是否松动,钢盆外露部分是否锈蚀,防尘罩是否完好;

h）组合式钢支座是否干涩、锈蚀,固定支座的锚栓是否紧固,销板或销钉是否完好;

i）摆柱支座各组件相对位置是否准确,受力是否均匀;

j）辊轴支座的辊轴是否出现不允许的爬动、歪斜;

k）摇轴支座是否倾斜;

l）钢筋混凝土摆柱支座的柱体有无混凝土脱皮、开裂、露筋,钢筋及钢板有无锈蚀。

5.3.1.11 人行天桥的常规定期检测内容及要求:

a）主梁（板）按本规程相应结构形式要求进行检测；

b）垂直电梯、自动扶梯构件是否松动、开裂、缺损等，梯道及踏步是否完好；

c）电梯井提升水泵、配电箱、供电系统、照明运行是否正常；泄水孔等排水设施是否完好；

d）栏杆、扶手、金属防护网、钢化玻璃、顶篷是否完好；

e）桥面防滑铺装是否老化、脱落、缺损；

f）装饰物是否污染、破损，警示标语是否完好，设置是否规范、醒目。

5.3.1.12 桥梁检测中发现的各种缺损均应将其范围及日期标记清楚。发现 D 级以上桥梁及有严重缺损和难以判明损坏原因和程度的桥梁，应做影像记录，并附病害状况说明。

5.3.1.13 常规定期检测后应对城市桥梁进行技术状况评估，确定其完好状态等级。

5.3.1.14 新建桥梁验收时，中小桥梁应按定期检测要求，大型桥梁应按特殊检测要求进行一次全面检测及技术状况评定（评估）。

5.3.1.15 特大桥及大桥的控制检测应符合下列规定：

a）设立永久性观测点，定期进行控制检测。控制检测的项目及永久性观测点见表 3，特大桥或特殊结构桥梁还可根据养护、管理的需要，增加相应的控制检测项目；

b）新建桥梁交付使用前，特大桥、大桥应在竣工前设置便于检测的永久性观测点。测点的编号、位置（距离、标高和地物特征）和竣工测量数据，均应在竣工图上标明，作为验收文件中必要的竣工资料予以归档；

c）测点的布设和首次检测的时间及检测数据等，应按竣工资料的要求予以归档；

d）桥梁主体结构维修、加固或改善前后，必须进行控制测量，以保持观测资料的连续性；若控制点有变动，应及时检测，建立基准数据；

e) 桥梁永久性观测点的设置要牢固可靠，当永久控制测点与国家大地测量网联络有困难时，可建立相对独立的基准测量系统；

f) 特大桥、大桥、中桥桥墩（台）旁，必要时可设置倒水尺或标志，以观测水位和冲刷情况。

表 3   桥梁永久性观测点和检测项目

序号	检测项目	观测点
1	墩、台身、索塔、锚碇的高程	墩、台身底部（距地面或常水位 0.5～2m）、桥台侧墙尾部顶面和锚碇的上、下游各 1～2 点
2	墩、台身、索塔倾斜度	墩、台身底部（距地面或常水位 0.5～2m 内）的上、下游两侧各 1～2 点，塔柱的上横梁中心处放 2 点
3	桥面高程	沿行车道两边（靠缘石处），按每孔跨中、L/4、支点等不少于五个位置（10 个点），测点应固定于桥面板上
4	拱桥桥台、悬索桥锚碇水平位移	拱座、锚碇的上、下游两侧各 1 点
5	悬索桥索夹滑移	索夹处设 1 点

5.3.2   结构定期检测

5.3.2.1   结构定期检测应由相应资质的专业单位承担，并应由具有城市桥梁养护、管理、设计、施工经验的人员参加。检测负责人应具有 5 年以上城市桥梁专业工作经验。

5.3.2.2   Ⅰ类养护的城市桥梁，结构定期检测应根据桥梁检测技术方案和细节分组，并加以标识，确定相应的检测频率；Ⅱ～Ⅴ类养护的城市桥梁结构定期检测应包括桥梁结构中所有构件。

5.3.2.3   结构定期检测应按规定的周期进行，Ⅰ类养护的城市桥梁宜 1～2 年一次，关键部位可设仪器监控测试；Ⅱ～Ⅴ类养护的城市桥梁宜 6～8 年一次。

5.3.2.4 结构定期检测项目和内容应符合 CJJ 99 的规定，并填写各项记录。

5.3.2.5 检查人员根据桥梁养护维修的有关规定，对Ⅰ类养护的城市桥梁因结构损坏被评定为不合格的，应立即限制交通，组织修复；对Ⅱ～Ⅴ类养护的城市桥梁评估为 D 级桥梁的，应提出处理措施，需紧急抢修的桥梁应提出时间要求；对 E 类桥梁应立即限制交通，等待处理。

5.3.2.6 所有现场记录资料以及结构定期检测报告应以电子文档和书面形式在现场调查完成后 15 个工作日内提供给管理部门。结构定期检测报告应包括下列内容：

　　a）城市桥梁进行结构定期检测的原因；

　　b）结构定期检测的方法和评价结论；

　　c）结构使用限制，其中包括荷载、速度、机动车通行或车道数限制；

　　d）养护维修加固措施；

　　e）进一步检查、试验、结构分析评估及建议。

5.4　特殊检测

5.4.1 特殊检测应由具有相应资质的专业单位承担，主要检测人员应具有 5 年以上城市桥梁专业工程师资格。

5.4.2 城市桥梁在下列情况下应进行特殊检测：

　　a）城市桥梁遭受洪水冲刷，漂流物、船舶或车辆撞击，滑坡、地震、风灾、火灾，化学剂腐蚀，车辆荷载超过桥梁限载的车辆通过等特殊灾害造成结构损伤；

　　b）城市桥梁常规定期检测中难以判明是否安全的桥梁；

　　c）为提高或达到设计承载等级而需要进行修复加固、改建、扩建的城市桥梁；

d）超过设计年限，需延长使用的城市桥梁；

e）常规定期检测中桥梁技术状况 I 类养护的城市桥梁被评定为不合格级的桥梁，II～V 类养护的城市桥梁被评定为 D 级或 E 级的桥梁；

f）常规定期检测发现加速退化的桥梁构件需要补充检测的城市桥梁。

5.4.3 城市桥梁特殊检测项目和内容应符合 CJJ 99 的规定。

5.4.4 对特殊检测结果不满足要求的城市桥梁，在维修加固之前，应采取限载、限速或封闭交通措施，并应继续监测结构变化。

5.5 技术状况评估方法

5.5.1 城市桥梁管理单位应在常规定期检测的基础上，按 CJJ 99 相关规定进行梁桥、人行天桥和拱桥的技术状况评估，确定其完好状态等级。

5.5.2 各种类型桥梁有下列情况之一时，即可直接评定为不合格级桥和 D 级桥：

a）III、IV 类环境下的预应力梁产生受力裂缝且裂缝宽度超过表 9 限值；

b）拱桥的拱脚处产生水平位移或无铰拱拱脚产生较大的转动；

c）钢结构节点板及连接铆钉、螺栓损坏在 20% 以上、钢箱梁开焊、钢结构主要构件有严重扭曲、变形、开焊，锈蚀削弱截面积 10% 以上；

d）墩、台、桩基出现结构性断裂缝，裂缝有开合现象，倾斜、位移、沉降变形危及桥梁安全时；

e）关键部位混凝土出现压碎或压杆失稳、变形现象；

f）结构永久变形大于设计规范值；

g）结构刚度达不到设计标准要求；

h）支座错位、变形、破损严重,已失去正常支承功能；

i）基底冲刷面达 20％以上；

j）承载能力下降达 25％以上（需通过桥梁验算检测得到）；

k）上部结构有落梁和脱空趋势或梁、板断裂；

l）特大桥、特殊结构桥除上述情况外,钢-混凝土组合梁、桥面板发生纵向开裂、支座和梁端区域发生滑移或开裂；斜拉桥拉索、锚具损伤；吊桥钢索、锚具损伤；吊杆拱桥钢丝、吊杆和锚具损伤；

m）其他各种对桥梁结构安全有较大影响的部件损坏。

6 桥面系及附属设施养护

6.1 一般规定

6.1.1 桥面应保持桥面平整、清洁，排除积水，清除泥土、杂物、冰棱和积雪。桥面铺装包括沥青混凝土桥面铺装和水泥混凝土桥面铺装两类。

6.1.2 桥面发现病害应及时查明原因、判断是否由桥梁结构缺陷而产生，并采取有效措施进行养护维修。在小于DB3302/T 1069 有关病害界定时，宜对桥面进行预防性养护。

6.1.3 桥面铺装养护维修时，应避免损坏防水层。采用铣刨机铣刨时，应严格控制铣刨深度，若铣刨后剩余的沥青混凝土厚度小于单层厚度，宜将沥青混凝土铺装层全厚度清除。

6.1.4 桥面养护维修应按原有桥面标高、纵坡、横坡修复，排水不畅时可局部调整纵、横坡，并宜连续施工。

6.1.5 桥面铺装增加厚度时应进行荷载验算。

6.1.6 架设在桥上的管线安全保护设施应完整、有效，线杆应安全、牢固，井盖应完好。

6.2 桥面铺装

6.2.1 桥面铺装主要病害可按 DB3302/T 1069 的相关规定执行。当损坏面积较小时，可局部修补；损坏面积较大时，可将整跨铺装层凿除，重新铺装。

6.2.2 沥青混凝土铺装层养护维修应符合下列规定：

a) 作业前，应利用破损处对原桥沥青混凝土铺装层厚度进行核实；

b）沥青混凝土老化、开裂破损严重的桥面,应进行全桥铣刨;

c）铣刨期间,应严格控制铣刨深度,不得破坏防水层;对已破坏的防水层必须修复,修补的防水层应采取搭接方式;原桥无防水层时,必须补做防水层;

d）全桥铺装不得随意进行沥青混凝土罩面,不得覆盖伸缩装置;立交桥上铺筑的面层宜考虑其抗滑性能;

e）与桥梁衔接部位的沥青混凝土路面因台后填土下沉而引起的桥头跳车,应视沉降高差采取不同的衬补方式(单层或双层);

f）沥青混凝土桥面维修质量验收应符合表 4 要求。

表 4 沥青混凝土桥面铺装层养护维修验收质量

项目	规定值及允许偏差	检验方法
切凿、铣刨	a）四周切缝整齐正方; b）采用铣刨机或其他机械施工,边口应整齐; c）基底干燥、整洁、无松动,防水层完好。	钢尺量、目测
铺筑	a）面层铺筑厚度允许偏差 － 5mm,＋10mm; b）表面粗细均匀,无毛细裂缝,压实紧密,无明显轮印。	钢尺量、目测
接茬	a）接茬密实,无起壳、无松散; b）接茬平顺直,与原桥面高差 0～5mm; c）接茬和平石相接平顺,与平石顶面高差 0～5mm。	目测、1m 直尺、塞尺量
平整度	人工摊铺≤7mm;机械摊铺≤5mm。	3m 直尺、塞尺量
横坡	与原桥面平顺,横坡一致,不得有积水。	目测

6.2.3 水泥混凝土铺装层养护维修应符合下列规定:

a）水泥混凝土桥面铺装层应确定修补范围,划线并切割成顺桥方向的矩形,不得扰动完好部位。切割深度应小于混凝土

铺装层厚度,但应满足桥面维修最小厚度,不得破坏防水层;

b) 桥面混凝土铺装层需加厚时,宜采用轻质混凝土;

c) 损坏的防水层应进行修复,原无防水层的应加设;

d) 水泥混凝土桥面铺装层维修质量验收应符合表5要求。

表5　水泥混凝土桥面维修验收质量

项目	规定值及允许偏差	检验方法
切割、凿边	切割整齐,四周清凿垂直不斜,杂物清除彻底。	目测
强度	抗压、抗折强度不低于原设计强度。	试块测试
铺筑	a)铺筑厚度允许偏差－5mm,＋10mm; b)桥面无露骨、麻面,板边蜂窝麻面≤3%,面层拉毛应整齐。	钢尺量、目测
平整度	桥面平整度≤3mm。	3m 直尺、塞尺量
抗滑	抗滑值 BPN≥45;或横向力系数 SFC≥0.38。	T0964/T0965
接边	新旧板接边平顺齐直、密实,无松散,高差≤5mm。	1m 直尺、塞尺量
纵横坡	与原桥面纵坡、横坡相一致,不得有积水。	目测

6.2.4 防水层维修、更换应符合下列规定:

a) 当采用沥青混凝土铺装面层时,防水层应采用防水卷材或防水涂料等柔性防水材料;当采用水泥混凝土铺装面层时,宜采用水泥基渗透结晶型防水材料等刚性防水,严禁采用卷材防水;

b) 防水层严禁在雨天、雪天和5级(含)以上大风天气施工。气温低于－5℃时不宜施工;

c) 基层面应将浆皮、浮灰、油污、杂物等清除干净;基面应坚实、平整,不得有尖硬接茬、空鼓、开裂、起砂和脱皮等缺陷,阴、阳角处应按规定半径做成圆弧;

d) 基层处理剂可用喷涂法或刷涂法进行施工作业,涂刷应均匀,覆盖完全,待其干燥后应及时进行防水层施工;

e）防水卷材、防水涂料的施工、养护应符合 CJJ 2 的有关规定；

f）维修、更换后的防水层，其防水性能、整体强度、与下层黏结强度和耐久性等指标，应满足原设计要求；

g）防水层维修、更换质量验收应符合表 6 的要求。

表 6 防水层维修、更换质量

项目	规定值及允许偏差	检验频率		检验方法
		范围	点数	钢尺量
卷材接茬搭接宽度	不小于规定	每 10 延米	1	测厚仪检测
防水涂膜厚度	符合设计要求	每 10m²	1	
外观质量	a)防水层、黏结层与基层之间应密贴，结合牢固； b)卷材防水层表面平整，不得有空鼓、脱层、裂缝、翘边、油包、气泡和皱褶等现象； c)涂料防水层的厚度应均匀一致，不得有漏涂处； d)防水层与泄水口、汇水槽接合部位应密封，不得有漏封处。	全数检查		目测

6.3 伸缩装置

6.3.1 伸缩装置养护维修应符合下列规定：

a）伸缩装置应平整、直顺、伸缩自如，保养周期应每年 2 次，高温季节前和维修后应重点检查，出现渗漏、变形、开裂、行车有异常声响、跳车时应及时维修或更换；

b）伸缩缝内的垃圾和杂物应每季度清除一次，但在夏季高温时，应视实际情况适当增加伸缩缝清理频率，有硬物嵌塞时应及时清除，橡胶板式伸缩装置的固定螺栓应每季度保养一次，松动应及时拧紧，丢失应补齐；

23

c）模数式伸缩装置及时更换老化、漏水的止水带，修补开裂、坑洞、剥落的混凝土保护带等；

d）异型钢伸缩装置的日常维护同模数式伸缩装置；

e）钢板伸缩装置应及时补焊或更换开焊、翘曲、脱落的钢板；重新锚固松动的保护角钢或平板以及松动的底板等；

f）橡胶板式伸缩装置应及时拧紧松动的固定螺栓，补齐或更换丢失、破损严重的固定螺栓、螺栓孔填充料、橡胶板等。更换时间宜选择在春秋两季进行。

6.3.2 伸缩缝装置常见的病害类型、病害原因及维修对策可按附录 E 中表 E.1 实施。当伸缩装置出现损坏而无法修复时，应选用原规格伸缩装置产品进行整体更换；选用其他类型（型号）伸缩装置产品时，应符合下列规定：

a）新型伸缩装置的伸缩量和承载能力应满足原设计要求，并应满足防水要求；

b）当无伸缩装置设计资料时，应对伸缩量值进行重新计算，计算方法可按 CJJ 99 的有关规定。

6.3.3 伸缩装置的更换应符合下列规定：

a）伸缩装置的安装宽度应根据施工时的气温计算确定，安装放线时间应选择在一天中温差变化最小的时间段内；

b）在安装连接点处，桥面板（梁）的锚固预埋件有缺损时，应打孔补植连接锚筋；

c）伸缩装置在安装焊接时，连接筋与锚筋的搭接长度应符合焊接要求，严禁点焊连接；

d）安装伸缩装置所使用的水泥混凝土保护带，其设计强度应符合设计要求，但不得小于 C40，且应具有早强性能；

e）应保证伸缩装置中间和梁头与桥台（梁端头）之间充分隔离、封闭，禁止混凝土碎块、渣土充填梁端空隙，混凝土应充满伸缩装置的型钢下部和后部；

f）混凝土达到设计强度，且伸缩装置全部安装完好后，方可恢复交通。

6.3.4 混凝土保护带开裂、坑洞、剥落等病害维修宜采用快硬、早强的混凝土，其强度应不低于原保护带混凝土，在混凝土强度达到 20MPa 后开放交通。

6.3.5 止水带老化、破损严重时应及时更换，橡胶止水带性能应满足设计要求。更换后的橡胶止水带应安装严实，无渗漏。

6.3.6 伸缩装置维修质量应符合下列规定：

a）伸缩缝应锚固牢靠，伸缩性能应有效；

b）伸缩缝两侧混凝土的类型和强度，应满足设计要求；

c）大型伸缩缝与钢梁连接处的焊缝应做超声波探伤检测，检测结果应合格；

d）伸缩缝处不得积水；

e）保护带与桥面的接缝高差，对Ⅰ类养护的城市桥梁不应大于 2mm，Ⅱ、Ⅲ类养护的城市桥梁不应大于 3mm，Ⅳ养护的城市桥梁不应大于 5mm，Ⅴ类养护的城市桥梁不应大于 10mm；

f）固定在不同结构上的伸缩装置相对高差，对Ⅰ类养护的城市桥梁不应大于 3mm，Ⅱ、Ⅲ类养护的城市桥梁不应大于 4mm，Ⅳ类养护的城市桥梁不应大于 6mm，Ⅴ类养护的城市桥梁不应大于 10mm。

6.3.7 伸缩装置维修更换质量验收应符合表 7 的规定。

表 7　伸缩装置养护维修验收质量

项目	规定值及允许偏差	检验频率	检验方法
长度	满足设计要求	每道	钢尺量
缝宽	满足设计要求	每道两处	钢尺量
与桥面高差	±5mm	每道 3～7 处	钢尺量
横向平整度	≤5mm	每道	3m 直尺量
外观要求	无堵塞、渗漏、变形、开裂等现象	全数检查	目测

6.4 排水设施

6.4.1 桥梁排水设施的养护维修包括桥面排水、导水及集水设施,应对排水设施进行经常性和周期性养护。

6.4.2 桥面排水设施应完好通畅,保持桥面无积水。泄水孔(管)、排水槽如有堵塞,应及时疏通。

6.4.3 桥面泄水管、排水槽每年雨季、台风前应全面检查、疏通;雨季应每月检查、清理疏通一次,保障排水通畅;冬季结冰及堆雪造成堵塞应及时疏通、清理。在汛前、汛中、雨雪天气时应加强巡查,发现积水应及时疏通泄水管。

6.4.4 立交桥除泄水管、伸缩缝处排水外,其他地方不得往桥下排水,冬季不得有冰棱悬挂。

6.4.5 泄水孔改造位置应设置在积水部位,平坡段应加密,并与泄水管连接。PVC管安装方向以及伸出桥下的长度应一致。管口应低于水泥混凝土铺装层,管口周围应做防水处理。

6.4.6 泄水管损坏应及时修补,接头不牢或脱落应重新接上,损坏严重的应予以更换。跨河桥梁泄水管下端露出长度不应少于10cm,立交桥泄水管出口宜设弯头或直接接入雨水系统。泄水管下端露出长度不足时,应予以接长。

6.4.7 导水设施的支撑构件应及时维修,排水设施和导水设施之间连接应可靠。

6.4.8 排水设施维修施工应符合下列规定:

a)进水口清理时,应打开进水口盖,清除进水口内的垃圾、淤泥。清理结束后,覆盖进水口盖,应保证其平整、密贴,发现进水口盖或结构有损坏,应做好记录,及时维修;

b)过水口清理时,应贯通隔离墩,扫清过水口外的垃圾;

c)排水立管宜采用专用高压冲水车冲疏。立管接头渗漏,可采用塑料焊接材料焊接修理,管道破损应直接更换。

6.5 栏杆和护栏

6.5.1 栏杆和护栏常见的病害类型、病害原因及维修对策可按附录 E 中表 E.2 实施。

6.5.2 栏杆和护栏应加强巡视检查,发现损坏、缺失应及时修复。如时间不足,可采用临时防护设施,采用的临时防护设施应牢固、醒目,使用时间不得超过两周。

6.5.3 栏杆和护栏养护维修应符合下列规定:

a）栏杆和护栏应保持整洁、完好,伸缩缝处水平构件能自由伸缩。当损坏或丢失时,宜按原护栏恢复并符合设计要求;

b）混凝土表面出现裂缝、蜂窝、麻面、松散、剥落、露筋等病害时,应及时修补,贯通裂缝应及时按原设计恢复;

c）金属栏杆应经常清洗,对油漆损伤部分进行补涂,根据油漆品种和老化程度进行周期性防腐油饰;油漆表面应均匀、光滑,无漏漆、脱皮、起皱等现象;

d）石材块体或立柱出现松动、脱落,应及时维修或更换;

e）防撞墙、挂板发现蜂窝、麻面、松散、开裂、剥落、露筋等病害,应及时修补;损坏严重或丢失时,应及时更换、补齐;

f）当栏杆和护栏有严重变形、断裂和残损现象时,应及时按原结构构造进行恢复,并应安装整齐、牢固;

g）栏杆安装的垂直度允许误差不得大于 3mm。护栏及栏杆在相邻桥孔处的高差不得大于 3mm。

6.5.4 栏杆和护栏上的相关交通标志应保持完好,不得有其他物体遮挡和误导驾驶员判断,反光膜脱落应及时补贴。

6.6 人行道

6.6.1 桥面上人行道、盲道和缘石应完好、平整。当有缺损时,应及时维修或更换。

6.6.2 人行道发现砌块有松动、破损、缺失及盲道触感凸出部分表面磨耗严重时,应及时调整或更换,保证面层稳定、平整。

6.6.3 路缘石应保持稳固、直顺,发生拱胀变形、缺失、破损时,应予以调整、更换或修补。

6.6.4 人行道砌块间嵌缝料散失,应及时嵌缝,保证面层稳固。

6.6.5 人行道范围内,因临时占用或作业而残留的堆积物、障碍物、埋置物等,应及时清理,保证行人安全通行。

6.7 桥头搭板和挡墙

6.7.1 桥头搭板养护应符合下列规定:

a) 桥头搭板应完好,桥头搭板下沉量不应大于 6.3.6e)中保护带与桥面接缝高差的规定值,桥头搭板局部坑洞、松散面积不应大于 DB3302/T 1069 中松散、坑洞的规定值。超过上述限值时,应及时维修;

b) 桥头搭板因台后填土下沉而引起的桥头跳车,应视沉降高差采取不同的维修方式;

c) 桥头搭板养护维修应符合下列规定:

 1) 搭板垫层材料宜采用石屑、沙砾、水泥或石灰等混合材料;

 2) 垫层施工要分层填筑、碾压,压实度应达到 95%,路拱和纵坡应满足设计要求;

 3) 搭板混凝土施工宜采用就地浇筑,施工前应进行配合比设计及试验;

 4) 搭板混凝土浇筑完毕后,应及时养护。

6.7.2 挡墙及护坡养护应符合下列规定:

a) 挡墙应坚固、耐用、完好。汛期应加强巡检,挡墙倾斜、位移、下沉超过 20mm 时,应进行维修加固。挡墙开裂小于 3mm 时,可进行封闭处理;折断时应及时加固;

b）砌体挡墙砌块应牢固稳定，如有松动应及时修补；

c）护坡应完好，下沉超过 30mm、残缺超过 0.2m² ,应及时维修。

6.8 其他附属设施

6.8.1 防护设施养护应符合下列规定：

a）防护栅、隔离带等防护设施应完整、有效，不得有断裂、松动、错位、缺件、剥落、锈蚀等损坏现象；

b）防护设施应保持醒目，不得污秽；

c）防眩板应完整、有效，变形、缺失后应及时恢复；

d）防护网应完整、有效，发现损坏、变形等影响行人安全的病害，应及时设警示标志，且修复期不得超过 7d；

e）桥梁绿化不得腐蚀桥梁结构和影响桥梁安全，不得影响桥梁的检查、检测、养护和行车安全。

6.8.2 声屏障养护应符合下列规定：

a）声屏障应干净、有效、完整。损坏、缺失应在一周内修补。对于破损严重的声屏障应及时更换；

b）声屏障应每季度冲洗一次，吸声孔不得堵塞，应每年补充和更换老化的填充物；

c）每周检查一次声屏障的锚固部位及连接件，强台风、强降雨、最高温和最低温等特殊自然环境前后应检查声屏障的牢固性，防止由于声屏障的破损而导致交通事故或危及行人的安全；

d）新设置的声屏障不得影响桥梁结构安全，并应安装牢固；且在移交时，应对新设置的声屏障进行专项检测（包括技术状况检测、承载能力试验及结构验算等）。

6.8.3 限高架养护应符合下列规定：

a）限高架应加强日常巡查，着重检查有无缺损歪斜、有无油漆剥落锈蚀，支柱有无松动，横梁是否牢固、变形是否过大，限高标志牌面是否出现发泡、褪色、脏污、字迹不清等，发现病害应及时维修或更换；

b）限高架应定期防腐保养，当油漆脱落面积较大、有锈蚀现象时，应重新除锈、油饰。

6.8.4 标志牌养护应符合下列规定：

a）标志牌包括桥名牌、限载标志牌、限高标志牌等；

b）标志牌应字体规范、字迹清晰、鲜明。反光膜完整，反光效果符合设计要求。立柱式标志牌立柱垂直，牢固可靠；

c）标志牌应每季度清洗。发生弯折、变形、倾斜应尽快修复，损坏或丢失应及时更换或补齐。

6.8.5 照明与灯光装饰养护应符合下列规定：

a）桥梁的照明设施应完整、牢固。除经常检查外，雨、雪天后应特别检查，如有缺陷或异常应及时维修或更换；

b）安装景观照明设施不得影响桥梁结构的完整和耐久性，不得影响桥梁养护维修及行车安全，并应设漏电保护装置，专人维护保养。

6.8.6 混凝土涂层养护应符合下列规定：

a）易遭受腐蚀的混凝土表面，宜根据所用防腐、防水材料的特性定期涂刷防腐、防水涂料。桥梁大修时，对未做防腐的易蚀部位应进行补涂。外刷涂料不得覆盖检查观测点；

b）混凝土涂层应保持洁净，起皮、脱鼓等现象应及时清理并修补；

c）防腐、防水材料及饰面涂层局部修补时，应保证新旧材料性能一致，颜色相近；

d）重新涂刷防腐、防水及饰面涂料时，如需更换涂料品种，应将原有涂层完全清除，新旧涂料化学性质应一致。

6.8.7 城市桥梁抗震设施养护应符合下列规定：

a）桥梁的抗震设施应每年进行一次检查和养护，各部件应保持清洁、干燥、完整、齐全、功能有效；

b）混凝土抗震设施出现裂缝、剥落、破碎等病害时，应及时进行养护、修补或更换；

　　c）抗震缓冲设施出现变形、损坏、腐蚀老化等病害时，应及时维修或更换；

　　d）抗震紧固件、联结件、加固构件松动或残缺时，应及时紧固、补齐及除锈、防腐处理。

7 上部结构养护

7.1 一般规定

7.1.1 桥梁上部结构包括梁桥、拱桥、斜拉桥、悬索桥等的加劲梁(板梁、T梁、箱梁、钢箱梁、钢桁架)、刚构,拱桥的主拱、拱座、拱上建筑、系梁、吊杆与系杆,斜拉桥的拉索、锚固结构、主塔,悬索桥的索塔、主缆与吊杆钢索等。

7.1.2 刚构桥和箱涵的日常养护和维修应符合钢筋混凝土桥梁的有关规定。

7.1.3 上部结构应进行经常性和周期性养护,对各种病害应分析其产生的原因,采取相应的维修措施。

7.1.4 混凝土结构桥梁应重点检查表面渗水、出现白垩,保护层剥落、钢筋锈蚀,结构挠曲变形,结构裂缝。

7.1.5 钢结构桥梁应重点检查涂层状况,锈蚀状况,异常变形,螺栓与铆钉松动、缺失情况。

7.1.6 上部结构的加固应由具有相应资质的单位进行专项设计。

7.2 梁桥养护

7.2.1 钢筋混凝土及预应力混凝土梁桥

7.2.1.1 钢筋混凝土及预应力混凝土梁桥的养护要求:

a) 钢筋混凝土及预应力混凝土梁桥应每年清除表面污垢,梁体的污垢宜用清水洗刷,不得使用腐蚀性的化学清洗剂;

b) 有防腐涂层的桥梁应定期涂装;当涂装层起皮、剥落时,应及时修复;

c）钢筋混凝土及预应力混凝土梁桥应每年进行一次结构裂缝和表面温度裂缝的观察；结构裂缝应重点检查受拉、受剪区域，表面温度裂缝应重点检查构件的较大面；

d）不得擅自在钢筋混凝土、预应力混凝土构件上钻孔打眼及架设其他构件；

e）钢筋混凝土、预应力混凝土外刷涂料不得封闭裂缝、覆盖检查观测点，影响养护维修；涂刷材料不得影响构件耐久性。

7.2.1.2 钢筋混凝土及预应力混凝土梁桥的日常养护应符合下列规定：

a）当混凝土有空洞、蜂窝、麻面、表面风化、剥落等现象时，应及时将松散部位清除，再用高强度等级混凝土、水泥砂浆或其他材料进行修补。新补的混凝土应密实，与原结构应结合牢固、表面平整；

b）混凝土非结构性裂缝与孔洞应结合缝宽、孔径的特征，采取有效方法及时修补，裂缝宽度小于 0.2mm 时可进行表面处理，大于 0.2mm 时宜采用环氧树脂或聚合物类材料进行有压封堵；

c）混凝土表面小范围露筋、保护层剥落应先将松动混凝土凿除，并清除钢筋表面锈蚀层，再进行修补；

d）预应力孔道位置出现碱迹或水迹时，应采用安全的检测方法，确定预应力筋的腐蚀程度，经检测鉴定，预应力损失严重且无法维修的，应予以更换。

7.2.1.3 钢筋混凝土及预应力混凝土梁桥裂缝及其他常见病害的病害类型、病害原因及维修对策可按附录 F 中表 F.1、表 F.2、表 F.3 实施。

7.2.1.4 钢筋混凝土及预应力混凝土梁桥裂缝应根据裂缝类型和构件抗裂等级分别采用不同的方法处理，裂缝最大限值应符合表 8 的规定，并应符合下列规定：

a）对表面温度裂缝，可封闭处理；

b）对结构裂缝,应根据抗裂等级的不同,分别采取下列措施:

    1）当裂缝宽度大于允许最大裂缝宽度时,应查明开裂原因,进行裂缝危害评估,确定处理措施;

    2）预应力混凝土构件受压区,一旦发现裂缝,应立即封闭交通,严禁车辆和行人在桥上、下通行,并委托具有相应资质的检测部门进行结构可靠性评估,判别裂缝的危害程度,并提出相应的处理措施;

    3）预应力混凝土构件受拉区,出现结构性裂缝,应进行裂缝危害性评估,确定处理措施。

表 8　结构裂缝限值

结构类别	裂缝部位	允许最大裂缝宽度/mm
钢筋混凝土构件、精轧螺纹钢筋的预应力混凝土构件	A 类（一般环境）	0.20
	B 类（海滨环境）	0.20
	C 类（海水环境）	0.15
	D 类（侵蚀环境）	0.15
采用钢丝和钢绞线的预应力混凝土构件	A 类和 B 类环境	0.10
	C 类和 D 类环境	不允许

7.2.1.5　钢筋混凝土及预应力混凝土梁桥的维修应符合下列规定:

a）钢筋混凝土及预应力混凝土结构发生混凝土剥落、露筋等现象时,应及时清除钢筋锈迹,凿去表面松动的混凝土后进行修补;对损坏面积较大的结构,凿除混凝土后不得明显降低结构的承载力,必要时宜采用分批修补;

b）当预应力混凝土构件锚固端的封端混凝土出现裂缝、剥落、渗漏、穿孔、预应力锚具暴露时,应及时对预应力锚具刷防锈漆,重做封端混凝土;

c) 钢筋混凝土及预应力混凝土梁桥构件出现明显的损伤或产生明显的变形、移位时,应依据特殊检测评估做设计,进行修复或加固;

d) 钢筋混凝土或预应力混凝土梁桥的主梁挠度超过规定允许值时,应进行结构评估,并提出加固或更换措施。

7.2.1.6 钢筋混凝土及预应力混凝土梁桥的加固措施应符合下列规定:

a) 横向联系损伤、桥梁各构件不能共同受力的板梁桥,可通过桥面补强或修复加固横向联系;

b) 梁的刚度、强度、稳定性及抗裂性不足,可采用加大结构断面尺寸或增加钢筋数量等方法进行加固。加大断面及增加配筋数量应根据计算确定;

c) 采用体外预应力补强加固;

d) 加固设计应充分考虑施工难度,并尽可能采用成熟的施工工艺,采用新材料、新工艺、新方法时应进行检验、评估。

7.2.2 钢结构梁桥

7.2.2.1 钢结构梁桥的养护要求:

a) 钢结构梁的刚度、强度和稳定性应符合设计要求;养护中应加强对各部分连接节点及杆件、铆钉、销栓、焊缝的检查、养护;对承载能力或刚度低于限值、结构不良的钢结构,应进行维修或加固;

b) 钢结构外观应保持清洁,冬季应及时清除冰雪;泄水孔应畅通,桥面铺装应无坑洼积水现象,渗漏部分应及时修好;当桥面积水时,应设置直径不小于 50mm 的泄水孔,钻孔前应对杆件强度进行验算;

c) 钢结构应每年进行一次保养,每两年做一次检测;检测时若发现节点上的铆钉和螺栓松动或损坏脱落、焊缝开裂,应采用油漆标记并做记录;

d) 钢结构应定期防锈涂装,涂装应与景观适应,一般应3～5

年进行一次;

e) 钢梁杆件伤损容许限度超过表 9 的规定时,应及时进行整修、加固或更换;

f) 不良铆钉的容许限度超过表 10 的规定时,对表 10 中序号为 1~4 的不良铆钉应进行更换,其他不良铆钉宜根据不良程度进行更换。

表 9　钢梁杆件伤损容许限度

序号	伤损类别		容许限度
1	竖向弯曲		弯曲矢度小于跨度的 1/1000
2	板梁、纵梁、横梁及工字梁	横向弯曲	弯曲矢度小于自由长度的 1/5000,并在任何情况下不超过 20mm
3		上盖板局部垂直弯曲	f<a 或 a<B/4 d:钢板或钢板束的厚度 B:由腹板至盖板边缘的宽度
4		盖板上有洞孔 腹板上有洞孔	工字梁的洞孔直径小于 50mm,板梁小于 80mm,边缘完好
5		腹板受拉部位有弯曲	凸出部分直径小于断面高度 0.2 倍或深度不大于腹板厚度
6		腹板受压部位有弯曲	凸出部分直径小于断面高度 0.1 倍或深度不大于腹板厚度
7	桁梁	主梁压力杆件弯曲	弯曲矢度小于杆件自由长度的 1/1000
8		主梁拉力杆件弯曲	弯曲矢度小于杆件自由长度的 1/500
9		主梁腹杆或联结件弯曲	弯曲矢度小于杆件自由长度的 1/300
10		洞孔	洞孔直径小于杆件宽度的 0.15 倍并不得大于 30mm

表 10　不良铆钉的容许限度

序号	不良名称	形状	容许限度	原因
1	松动铆钉		—	a)铆合不良 b)铆合前钢板未夹紧
2	钉头裂纹			a)铆钉加热过度 b)铆钉钢质不良
3	烂头		D≥d+8mm h≥0.7 倍标准钉头高	年久锈蚀
4	钉头部分或全周浮高（用厚0.2mm 塞尺检查）		—	a)钉头和钉杆相接处有圆角 b)钉头未用顶把顶紧或顶把未对正
5	钉头偏心（拉绳检查钉头与铆钉线位置或观察铆钉两头）		b≤0.1d	铆合不良
6	钉头局部缺边		a≤0.15d	a)钉杆过短 b)顶压不正确
7	钉头全周缺边		a<0.1d	同上

序号	不良名称	形状	容许限度	原因
8	钉头过小 (用样板检查)		$a+b<0.1d$, 或 $c<0.05d$	a)铆钉壳和钉杆 都小 b)钉杆过短或铆 钉孔过大
9	钉头周围有 飞边		$a<3mm$ $b=1.5\sim3mm$	钉杆过长
10	铆钉壳打伤 钢板		$\delta\leqslant0.5mm$	铆合不良
11	埋头铆钉钉头 全部或局部 缺边		$a\leqslant0.1d$	a)铆钉不良 b)钉杆过短

7.2.2.2　钢结构梁桥的日常养护应符合下列规定：

a）及时清除节点和缝隙部分的污垢，使其保持清洁；

b）在同一个节点，缺少、损坏、松动和歪斜的铆钉超过 1/10
时，应进行调换；当焊接节点有脱缝，焊缝处有裂纹，应及时
修补；

c）对有裂纹及表面脱落的构件，应仔细观察其发展，做出明
显的标记，注明日期，以备观察；必要时应补焊或更换；

d）当焊接节点有脱缝，焊缝处有裂纹，应及时修补；对于焊
接缺陷，在同一部位修补次数不宜超过 2 次；

e）钢结构部分油漆失效，应及时除锈补漆；

f）为防止桥梁杆件锈蚀，应定期对全桥钢构件进行全面的除锈油饰工作。

7.2.2.3 钢梁有下列状态之一时，应及时维修：

a）桁腹杆铆接接头处裂缝长度超过 50mm；

b）下承式横梁与纵梁连接处下端裂缝长度超过 50mm；

c）受拉翼缘焊接一端裂缝长度超过 20mm；

d）主梁、纵横梁受拉翼缘边裂缝长度超过 5mm，焊缝处裂缝长度超过 10mm；

e）纵梁上翼缘角钢裂缝；

f）主桁节点和板拼接接头铆栓失效率大于 10%；

g）主桁构件、板梁结合铆钉松动连续 5 个及以上；

h）纵横梁连接铆钉松动；

i）纵梁受压翼缘、上承板梁主梁上翼缘板件断面削弱大于 20%；

j）箱梁焊缝开裂长度超过 20mm。

7.2.2.4 不良铆钉的更换应符合下列规定：

a）凡是更换过的铆钉在检验之后，均应涂上与桥梁结构明显不同的颜色，并记入桥梁记录簿，注明其数量和位置；

b）更换铆钉时，应对其所有相邻而未更换的铆钉加以敲击，检查是否受到损伤。在更换铆钉前，应仔细察看钉孔及其位置是否正确。如钉孔不圆或偏位大于 2mm 时，必须扩孔。在铆接杆件时，禁止采用强力钻进的铆接方法；

c）禁止使用锛斧和大锤铲除钉头。更换时，应边拆边铆固，逐个更换。

7.2.2.5 高强度螺栓的更换应符合下列规定：

a）高强度螺栓的更换应符合 JGJ 82、GBJ 17、GB 50205 中的有关规定；

b）高强度螺栓更换，对于大型节点，同时更换的数量不得超过该节点螺栓总数的 10%，对于螺栓数少的节点则应逐个更换。

在一个联结处（或节点）少量更换的螺栓、螺母及垫圈的材质、规格、强度等级应与原桥上使用的相同，不准混用；

c) 高强度螺栓拧紧后，为防止雨水及潮湿空气侵入板缝，节点板束四周的缝隙均应采用腻缝封闭。高强度螺栓、螺母和垫圈的外露部分均应进行涂装防锈。

7.2.2.6 对于栓焊梁、全焊梁，若在钢材上发现裂纹，可根据裂纹位置、性质、大小及数量，分析原因后采取以下相应措施：

a) 用高强度螺栓连接拼接的方法进行加固。加固前，裂纹尖端处凡能钻孔者均应钻圆孔，孔的直径大致与钢板厚度相等，但最大不得超过 32mm，裂纹的尖端必须落入孔中；

b) 对于可维修的部位，可采用扩大面积，粘贴钢板的方法补强；

c) 抽换杆件或换梁。

7.2.2.7 钢结构梁桥的涂装应符合下列规定：

a) 各种钢结构梁桥，都应进行防腐处理和防腐涂装的养护维修工作，以延长其使用寿命，涂装应与景观相适应；

b) 钢结构梁桥有下列情况的，即应进行除锈油饰的养护维修：

    1) 桥梁钢结构维修加固后造成涂层损伤的部位；

    2) 钢结构局部油漆失效，应及时做相应处理；

    3) 钢桥涂层的表层涂膜有老化倾向的，应及时做表层处理；

c) 运营中钢梁保护涂装起泡、裂纹或脱落的面积达到 10%，应进行整孔、整桥重新涂装；

d) 局部涂装或整孔、整桥重新涂装用涂料，应与原桥旧涂料一致，更换新品种涂装，应将旧涂层清除干净，新旧涂料化学性能应一致；

e) 涂膜维护涂装时，应对局部老化部位按要求进行清理，按涂装系逐层进行涂装，新旧涂层间应有 50～80mm 过渡带，局部修理时干膜总厚度不应小于原涂装干膜的厚度；

f）钢表面清理不得在雨、雪、凝露和相对湿度大于80%及大风天气进行；环氧富锌、无机富锌、环氧沥青、聚氨酯漆不得在10℃以下施工；

g）油漆涂层不得有脱落、咬底、漏涂、起泡等缺陷；热喷涂锌、铝金属涂层，应致密，均匀一致；

h）涂装作业应符合现行国家和行业标准中关于施工的相关规定。

7.2.2.8　钢结构梁桥常见的病害类型、病害原因及维修对策可按附录F中表F.4实施，并应符合下列规定：

a）对于有裂缝的杆件，应及时维修或更换；

b）分析杆件出现局部变形的原因。若变形值在规定值范围内，应予以校正或补强。如同一杆件同一部位变形校正后再次变形，应对此杆件进行更换。要求杆件弯曲率不超过下列规定：压杆为其长度的1/500；拉杆为其长度的1/300。对于超标弯曲杆件，必须及时校直；

c）钢梁杆件伤损容许限度超过表10规定时，应及时检查，进行整修、加固或更换（经鉴定不影响钢梁正常使用者除外）；

d）焊缝开裂应委托专业单位予以修复，修复后的焊缝应按Ⅰ类焊缝要求予以探伤。

7.2.2.9　对承载力或刚度不足、构件异常的钢桥，应进行加固。运营中的钢梁严禁使用电焊加固，若采用电焊联结主梁的方式，应停止运营。

7.2.2.10　新换钢梁或加固杆件的组拼应符合下列规定：

a）组拼板应采用螺栓均匀拧紧，板层密贴，边缘缝隙用0.3mm插片探入深度不大于20mm；

b）组拼杆件工作应在无活载情况下进行，并应在不少于1/3的孔眼中安装螺栓及冲钉，其中2/3为冲钉，1/3为螺栓；

c）无活载情况下铆合时，应每隔2个钉孔装一个螺栓。螺栓间距不得超过 400mm。必要时应每隔一个钉孔穿一个螺栓，每组孔眼应打入 10% 的冲钉；

d) 栓焊梁使用的高强度螺栓、螺母及垫圈的技术条件必须符合 GB/T 1228 的规定，并应附有出厂合格证。

7.2.3 钢-混凝土组合梁桥

7.2.3.1 钢-混凝土组合梁桥的养护要求：

a) 钢-混凝土组合梁是指钢主梁与钢筋混凝土联结形成整体共同受力的组合结构。应注意对其结合部位的保养维修，防止桥面水渗漏造成钢构件锈蚀及钢和混凝土之间的联结失效；

b) 钢-混凝土组合梁中钢及混凝土结构桥面板的养护、维修工作除应分别满足 7.2.1、7.2.2 的要求外，尚应符合 7.2.3 规定。

c) 钢-混凝土组合梁结构尺寸及线形、纵向裂缝、横向裂缝、支座及梁端区域应每季度检查一次。

7.2.3.2 钢-混凝土组合梁桥的养护维修应符合下列规定：

a) 钢梁与混凝土桥面板之间的剪力连接件应完好无损，不得有纵向滑移及翘起；

b) 钢-混凝土组合梁桥应对纵向裂缝的宽度、长度、位置、密度及发展程度等进行检测，必要时应拆除部分铺装层观测；当产生纵向裂缝时，应及时采取加固措施；

c) 钢-混凝土组合梁应对支座及梁端区域进行定期检查，定期检查每季度一次，组合梁结合面不得有相对滑移和开裂；当梁端相对滑移时，应及时修复；

d) 钢-混凝土组合梁不得有超过设计规定的变形；对超过设计规定的变形应进行评估分析；

e) 在连续组合梁支座及其附近的桥面板，不应有横向裂缝和渗漏水；有裂缝和渗漏水部位，应重做防水和封闭裂缝；纵向钢筋失效引起的裂缝，应采取纵向受力加固措施；预应力混凝土桥面板预应力失效产生裂缝应立即修复加固；

f）钢梁与混凝土桥面板之间的剪力键应完好无损，不得有纵向滑移及掀起。钢结构组合面板支撑处及板肋不应有损坏或变形。连接件附近的混凝土不得有疲劳损坏。如混凝土损坏，可采用剔除损坏混凝土，重新浇注不低于原桥混凝土标号的混凝土补强。剪力键损坏也可用同样方法，并将剪力键重新焊接在钢梁翼缘之上，维修时应在无活载情况下，错开断面进行。

7.2.3.3 结构尺寸及线形不应有超过设计规定的变形。对超过设计规定的变形，可采用下列方法加固：

a）加铺或重铺钢筋混凝土桥面层，加铺时应验算增加的自重；

b）钢梁补强；

c）施加体外预应力。

7.2.3.4 钢-混凝土组合梁桥的维修加固应符合下列规定：

a）钢-混凝土组合梁钢结构部分的维修加固可采用钢桥的加固方法；

b）钢-混凝土组合梁混凝土桥面板的维修加固，应进行专项设计，并进行专家论证；

c）当剪力连接件出现断裂、松动等病害，使混凝土桥面板出现翘起、鼓出、破损等现象，应加固剪力连接件；剪力连接件加固应专项设计，并进行专家论证；

d）当结构尺寸及线形出现超过规定的变形时，应进行专项设计，并进行专家论证。

7.3 拱桥养护

7.3.1 圬工拱桥

7.3.1.1 圬工拱桥的养护要求：

a）圬工拱桥应具有满足设计要求的刚度、强度、抗裂、抗渗和整体稳定性；

b）圬工拱桥外观应主要检查拱石的脱落、拱圈纵向开裂和渗水、拱墙突出以及拱脚裂缝、变形、缺脚等病害。当发生上述病害时，应查明原因，进行修理和加固；

c）砖石圬工拱桥的恒载裂缝最大限值应符合表 11 的规定。裂缝超过表列数值时，应查明原因，及时维修与加固。

表 11　圬工拱桥恒载裂缝最大限值

结构类别	裂缝部位	允许最大裂缝宽度/mm
上部结构	拱圈横向	0.30 裂缝高小于截面高一半
	拱圈纵向（竖缝）	0.50 裂缝长小于跨径 1/8
	拱波与拱肋结合处	0.20
砖石墩台、墩台身	经常受浸蚀性环境水影响	0.20 不允许贯通墩身截面一半
	经常有水，但无浸蚀性影响	0.25
	干沟或季节性有水河流	0.40
	有冻结作用部分	0.20

7.3.1.2 圬工拱桥的日常养护应符合下列规定：

a）圬工拱桥应清洁、完整。灰缝脱落应及时修补，缝内长草应及时清除；

b）圬工拱桥表面发生风化、剥落等病害，应及时维修；

c）砖、石拱桥均应做排水。当原桥无防水层或防水层已损坏失效时，应挖开拱上填料重铺防水层。

7.3.1.3 圬工拱桥常见的病害类型、病害原因及维修对策可按附录 F 中表 F.5 实施，并应符合下列规定：

a）对圬工拱桥产生的较深裂缝，应及时修补；砌体损坏严重、拱轴线严重变形时必须翻修；

b）圬工拱桥变形超过限值时，应及时维修与加固；

c）圬工拱桥出现横向裂缝应加固；

d）当圬工拱桥拱圈损坏、强度不足或需要提高其荷载等级时，应加固拱圈；

e）当拱脚下沉或外移时，应采用拉结法或更换拱上填料进行加固。

7.3.2 混凝土拱桥

7.3.2.1 混凝土拱桥的养护要求：

a）混凝土拱桥应定期检查，发现病害应查明原因，并观察其发展趋势，及时采取措施；

b）混凝土拱桥的加劲梁结构的养护可按 7.2 相关内容执行；

c）混凝土拱桥主拱圈强度或刚度不足时，应进行加固。拱桥侧墙变形，应及时处理，必要时应拆除侧墙重砌；

d）混凝土拱桥拱圈及拱上腹拱等结构开裂超过表 12 规定的限值时，应进行检测并限载，查明原因，及时维修与加固。限载时，两侧桥头应设立醒目标志。

表 12　混凝土拱桥裂缝限值

裂缝部位	允许最大缝宽/mm	其他要求
拱圈横向	0.30	裂缝高小于截面高的一半
拱圈纵向（竖缝）	0.50	裂缝长小于跨径的1/8
拱波与拱肋结合处	0.20	—

7.3.2.2 混凝土拱桥日常养护应符合下列规定：

a）混凝土拱桥应每年清除表面污垢；

b）混凝土拱桥构件表面发生风化、剥落、缺损等病害，应及时维修；

c）混凝土拱桥钢构件表面的防锈涂层应保持完好，3～5 年定期涂装一次；

d）每季度或雨季之前应疏通泄水管（孔），保持桥面及实腹拱拱腔排水通畅；

e）主拱及拱式腹拱的拱铰及变形缝应保持正常的工作状态;清除弧面铰及变形缝内嵌入的杂物,保持能自由转动、变形;填缝材料如油毛毡、浸渍沥青的木板等,如有损坏应及时更换;

f）混凝土拱桥的加劲梁结构的日常养护应按 7.2 规定的相关内容执行。

7.3.2.3 混凝土拱桥的加劲梁结构应保持完好,发现破损应及时维修,可参照 7.2 相关规定执行。

7.3.2.4 砌体勾缝破损、脱落维修应符合下列规定:

a）凿除破损灰缝,深 30mm～50mm;

b）将凿缝面冲洗干净,按配比配制勾缝砂浆;

c）按原样勾缝,灰缝应整齐、密实;

d）勾缝砂浆初凝后覆盖养生,夏季作业,应每隔 2h～3h 喷水。

7.3.2.5 砌块表面风化、剥落维修应符合下列规定:

a）砌块表面风化和损坏不严重时,采用环氧或聚合物砂浆修补。修补时应将表面松散混凝土彻底凿除,然后分层填补砂浆,最后将表面抹平;

b）砌体表面严重风化和损坏时,应补砌、更换,新老部分应结合牢固;

c）拱圈内腹及其两侧出现大面积的严重风化剥落、表层松散老化和灰缝脱落时,应进行全面修复,可采用在拱圈内壁挂钢丝网,并喷射水泥砂浆的维修方法。

7.3.2.6 发现拱肋明显变形时,应分析原因,并进行特殊检测,必要时进行专项设计、加固。

7.3.2.7 拱肋、横系梁开裂的维修应符合下列规定:

a）当裂缝小于表 12 时,可按混凝土裂缝修补工艺修补;

b）拱肋由于截面强度不足而出现严重径向裂缝,当地基承载力满足要求时可采用以下加固方法:

1）现浇混凝土加大拱肋截面;

2）环氧类材料粘贴钢板或钢筋加固拱肋；

3）纤维织物加固法；

c）拱桥横向联系不足可采取以下加固措施：

1）在地基及拱肋承载力满足的条件下，用外包混凝土的方法加大横系梁截面；

2）将横系梁改为横隔板；

3）对于只有套管拉条横向联系的双曲拱桥可将其改为横隔板或加设横隔梁；

d）基础沉降、墩台位移引起的裂缝应先加固基础。

7.3.2.8 拱桥排水设施损坏时应及时进行维修，保证其排水功能。

7.3.2.9 加固拱桥时，应注意恒载变化对拱压力线的影响及引起的推力变化，对各施工工序应进行验算，并做出详细的施工组织设计，严格按照设计的工序施工。

7.3.3 钢拱桥

7.3.3.1 钢拱桥的箱梁、桁架结构应保持完好，发现破损应及时养护、维修、加固，可按 7.2 相关规定执行。

7.3.3.2 钢拱桥的维修加固应符合下列规定：

a）钢拱桥构件因锈蚀局部截面损失时，宜采用除锈、表面涂装、局部钢结构补强的方法予以修复；

b）拱肋承载力不足时，可采用减轻恒载作用、增加拱脚约束、机械矫正等措施。

7.3.4 钢管混凝土拱桥

7.3.4.1 钢管混凝土拱肋的养护（含腹杆及横向联结系）的养护要求：

a）钢管混凝土桥梁焊接处有异常情况，应分析原因，及时处理；

b）应保持拱肋钢管与混凝土之间的紧密贴合，当发现空洞或离析时，可先钻孔注入环氧树脂、水泥砂浆后再封闭钻孔。

7.3.4.2 钢管混凝土拱桥应保持完好,发现其他的病害应及时维修,可参照 7.2、7.3.2、7.3.3 相关规定执行。

7.3.5 系杆拱桥

7.3.5.1 系杆拱桥技术状态应符合下列要求:

a) 系杆拱桥的吊杆锚头和吊杆与横梁节点区黄油不得变质、渗漏,不得有内部积水,吊杆钢丝束要受力均匀,不得有锈蚀;

b) 封锚及吊杆锚固区混凝土不得有开裂、腐蚀、剥落等病害;

c) 结构主体变位应满足设计要求,包括桥面标高、拱肋轴线侧向偏离,墩台不均匀沉降、拱肋矢高等;

d) 对套管式吊杆应灌满黄油等润滑防腐材料,对挤塑式套管,应每年涂刷润滑脂,对外包材料的老化、脆裂、人为损坏等,应采取相应的材料予以裹覆。

7.3.5.2 系杆拱桥系杆的日常养护应符合下列要求:

a) 柔性系杆的下承式拱桥的拱脚部分,中承式拱桥的边拱混凝土内预埋钢管和系杆拉索分束穿入预埋钢管的间隙应压加注满防腐油脂;

b) 刚性系杆的拉索全部外包钢管内应压加注满防腐油脂,两端应采用不锈钢罩保护。

7.3.5.3 系杆拱桥的检查周期应符合下列规定:

a) 系杆拱桥的锚夹具应每季度检查一次;当发现有松弛和锈蚀时,应及时维修;酷暑、严寒季节应加强检查和养护;

b) 吊杆锚头及吊杆与横梁节点区密封处,运营第一年内应每半年检查一次,以后每一年检查一次,发现漏水、积水和脱漆、锈蚀的,应及时处理;

c) 吊杆运营第一、二年内应每半年检查一次,以后每一年检查一次;若有损坏,应及时处理;

d) 吊杆钢丝束及阻尼垫圈式减振器的防水情况和橡胶老化情况应每年检查一次,必要时应及时更换。

7.3.5.4 系杆拱桥的维修加固应符合下列规定：

a）当发现吊杆锚具有松弛和锈蚀时，应及时维修；酷暑和严寒季节应加强检查和养护；锚头与横梁吊点密封处，发现漏水和积水，应及时检测内部锈蚀和损坏情况，采取相应的处理措施；

b）当检测发现墩台基础不均匀沉降超过设计允许值时，应由设计部门制订加固调整方案；

c）随时掌握吊杆钢丝束的状况，当一根吊杆内断裂的钢丝面积超过总面积的 2％时，或因锈蚀造成吊杆钢丝总面积损失超过 10％时，必须更换吊杆；吊杆更换时，应尽量采用易检查、易防护的形式；更换方案应报请主管部门批准；

d）对吊杆钢丝束及阻尼垫圈式减振器等，出现漏水和橡胶老化变质情况应及时处理或更换；

e）纵横梁的检查与维护，应根据结构材料的不同，按本规程有关规定执行；

f）对裸露的钢拱及吊杆钢护套，应按养护年限进行防腐处理；

g）钢拱及吊杆钢件焊缝，出现开焊和裂纹，应及时进行原因分析，评估后进行补焊处理。

7.4 斜拉桥养护

7.4.1 应经常观察拉索的振动情况，尤其是风雨振，做好风速、风向、雨量、拉索振动状况的记录（包括录像），并检查拉索减振措施的有效性，对失效的减振装置应重新安装或更换。

7.4.2 养护管理单位应根据拉索的损坏情况及设计使用年限适时进行拉索的维修与更换，拉索的检查和养护维修资料应归档。

7.4.3 塔端锚头、钢主梁端锚头必须每半年进行一次保养，对在钢梁外侧并有钢盖板罩的锚头应每 3 年进行一次保养。

7.4.4 锚具的锚杯及锚杯外梯形螺纹和螺母不得锈蚀和

变形,锚板不得断裂;墩头应无异常。如锚杯和螺母上的梯形螺纹出现变形、裂缝等,应做进一步探伤、测量索力等技术鉴定,并根据鉴定结果编制专项施工方案。

7.4.5 锚固结构的支承垫块不得锈蚀、位移、变形。如出现锈蚀,应将锚具及支承垫块的原有防锈材料及锈迹采用人工刷磨方法除净,再涂防护漆。梁端锚箱不得锈蚀、变形和产生裂缝。锚箱与主钢梁腹板连接的高强螺栓应紧固,不得松动、锈蚀。塔端或混凝土梁端预埋承压钢板,不得锈蚀、变形,钢板四周混凝土不得有裂缝、剥落、渗水等现象。如塔端钢承压板四周的混凝土出现松动、剥落、开裂现象,应先将松动混凝土去除,如内部钢筋锈蚀造成混凝土起壳剥落,应先对钢筋进行除锈防锈处理,凿去清洗损坏的混凝土,用环氧或聚合物砂浆补修,并封闭防水材料。

7.4.6 发现主塔混凝土产生裂纹,应在其表层涂聚合物防水材料予以预防。塔体裂缝宽度在 0.2mm 以上的,应采取高压灌注环氧树脂封闭;裂缝宽度在 0.2mm 以下的,可采用环氧或聚合物防水材料进行刮涂封闭。

7.4.7 锚箱裂缝应及时进行补强处理。

7.4.8 当斜拉桥钢筋混凝土或预应力混凝土主梁的裂缝超过规定值或挠度超过设计允许值时,应查明原因,由原设计单位进行结构验算和设计,必要时予以加固和调整索力。

7.4.9 拉索的养护维修应符合下列要求:

a) 当拉索 PU 防护层被损露出 PE 护层超过 10% 时,应进行修补。修补前应检查 PE 护层,当有裂缝、老化、剥落、鼓起等现象时,应先检查露丝和钢丝锈蚀情况。如有锈蚀,应先除锈,后清理护层,将老化剥落的 PE 层去掉,用同样的 PE 材料,采用热补的方法进行修补;

b) 拉索护层表面有裂缝,而表面干燥,内部无水渗出,钢丝未锈蚀,应将裂缝封闭;如钢丝已锈蚀,或表面潮湿,裂缝内有锈

水渗出,应沿裂缝剥开护层,排出水分,露出钢丝,除锈并干燥后,再做防锈处理,修复防护层;

c) 塔端钢承压板四周混凝土松动、剥落、开裂,应先将松动的混凝土凿除,检查损坏的范围,如内部钢筋锈蚀造成混凝土起壳剥落,应先对钢筋除锈,将损坏的混凝土部分凿去揩净再修补;锚杯和螺母上的梯形螺纹出现变形、裂缝时,需做进一步的探伤,测量索力及做技术鉴定,并根据鉴定结果进行维修。

7.4.10 应经常检查支座处斜拉索及阻尼垫圈式减振器的防水情况和橡胶老化变质情况,必要时应更换。

7.4.11 必须保持索塔上航标灯和桥上照明装置的正常使用。

7.4.12 斜拉桥斜拉索的索力宜采用频率法测定。

7.4.13 当一根拉索内已断裂的钢丝面积超过该拉索钢丝总面积的 2% 时,或钢丝锈蚀面积造成该拉索钢丝总面积损失超过 10% 时,必须换索。换索前须请原设计单位进行设计,并利用换索时机,对主梁的线形通过调整索力进行调整。

7.4.14 应每年清除一次设置在塔身和梁体之间的橡胶体横向限位装置四周的污物,检查橡胶体的老化程度,并做好记录,对锈蚀的钢件及时进行除锈油饰。

7.4.15 按期观测斜拉桥主塔的倾斜和主桥的线形。岸跨有辅墩的斜拉桥,必须对主塔与辅墩的不均匀沉降加强监测,当沉降量与不均匀沉降量超过设计要求时,必须进行辅墩支座调整,调整应在原设计单位指导下进行。

7.5 悬索桥养护

7.5.1 悬索桥钢索不得锈蚀。对主缆与吊杆钢索防护应每季度检查一次,出现问题及时维修,使其保持正常工作状态。

7.5.2 索洞门或锚锭的锚室门,应定期打开通风和做好排水,保持室内环境干燥。

7.5.3 索夹应每季度检查保养一次,紧固螺栓不得有松弛和锈蚀,在酷暑和严寒季节更应加强检查和养护,及时拧紧螺栓,保持设计时紧固力,应防止螺帽锈住无法调整。

7.5.4 悬索桥的主索鞍、散索鞍、主缆索股锚头和吊杆锚头及钢索出口密封处,应每年检查养护一次,应及时处理漏水、积水和脱漆、锈蚀。

7.5.5 索塔的爬梯和工作电梯应每季度检查保养一次;上塔前应先检查其可靠性,严禁非检修人员登梯。爬梯宜每5年除锈涂漆养护一次。

7.5.6 悬索桥主缆各索股应受力均匀,索股摆动应一致。当吊杆明显摆动时,应调整索夹,并拧紧套筒螺帽。

7.5.7 经常检查主缆缠丝,发现漆膜损坏(如开裂、碎片)或外裹防水材料分层剥落,应重新清理后油漆或重裹防水层。若缠丝断裂或散开,则应首先查看主缆有无锈蚀,待清洗除锈后,重新缠绕并油漆或包裹防水材料,确保主缆防护层完好,避免水分渗入。

7.5.8 主缆应保持设计的正常位置,当主缆垂度超过设计规定值时,应调整主缆长度,如锚锭拉杆长度不够,可在套筒与拉杆螺帽之间加垫圈,严禁截短钢索。

7.5.9 索鞍、主缆索股锚头和吊杆锚头及钢索出口密封处,应经常检查,如发生漏水、积水、脱漆、锈蚀、裂纹、开焊等应及时处理维修。螺栓松动的应及时拧紧。

7.5.10 拉索及阻尼垫圈式减振器,不得有漏水和橡胶老化现象,必要时应更换。

7.5.11 索塔应定期观测,当变位超过设计允许值时,必须由设计部门制订加固和调整方案,进行维修。

7.5.12 索塔与加劲梁及其他部件的检查和养护,视其结构和材料的不同按7.2～7.4相关规定执行。

7.5.13 悬索桥主缆的更换应按7.4的规定执行。

8 支座养护

8.1 一般规定

8.1.1 应加强对桥梁支座的日常巡视和定期检测,若发现病害,应及时查明原因,并采取有效措施进行维修或更换,使支座保持良好稳定的状况。

8.1.2 支座垫层应保持平整,不应积水。

8.1.3 拉力支座应重点检查其拉力螺栓的工作性能。

8.1.4 实施特殊检测时,应对支座、限位装置进行病害检测。

8.1.5 对于需要更换的支座,应根据设计要求或通过设计验算确定新支座的规格、型号。

8.2 病害及养护

8.2.1 桥梁支座常见病害类型、病害原因及维修对策可按附录 G 中 G.1 实施。

8.2.2 支座各部分应保持完整、清洁、有效,应每年检查保养一次。清除支座周围的油污、垃圾,防止积水、积雪,保证支座正常工作,梁跨伸缩自由。

8.2.3 滚动支座滚动面上每年应涂一层润滑油。在涂油之前,应先清洁滚动面。

8.2.4 支座各部分除钢辊和滚动面外,其余金属部分应定期保养,涂刷防锈油漆,不得锈蚀。

8.2.5 板式橡胶支座恒载产生的剪切位移应在设计范围内;支座不得产生超过设计要求的压缩变形;支座橡胶保护层不

应开裂、变硬、老化,支座各层加劲钢板之间的橡胶外凸应均匀和正常;支座垫石顶面不应开裂、积水;进行清洁和修补工作时,应防止橡胶支座与油脂接触。

8.2.6 盆式橡胶支座,固定螺栓不得有剪断损坏,应及时拧紧松动的螺母;防尘罩应维护完好,防止灰尘落入或雨、雪渗入支座内。

8.2.7 固定支座每两年应检查锚栓牢固程度,支承垫板应平整紧密,及时拧紧接合螺栓。

8.2.8 辊轴支座的实际纵向位移,应与计算的正常位移相符;当纵向位移大于容许偏差或有横向位移时,应加以修正。当辊轴出现不允许的爬动、歪斜或摇轴倾斜时,应校正支座的位置。

8.2.9 弧形钢板支座和摆柱式支座中的钢板应及时除锈,钢筋混凝土摆柱不得脱皮露筋,固定锚销不得切断,滑动钢板不得位移,摆柱不得倾斜。对损伤和超过允许位移的支座钢板,应及时修理更换。

8.2.10 球形支座应按产品出厂要求及时进行养护。支座地脚螺母不得剪断,橡胶密封圈不得龟裂、老化。支座高度变化不得超过3mm。应每两年对支座钢件进行油漆防锈处理。

8.3 维修更换

8.3.1 支座的维修与更换应符合下列规定:

a) 当座板出现轻微压碎开裂时,可局部修补;当座板翘曲、断裂严重时,应予更换和补充,焊缝开裂应予维修;

b) 固定支座锚接螺栓变形或切断,应维修、加固或更换;

c) 梁支点承压不均匀,支座发生倾斜或脱空,应调整或垫实;

d) 连续梁各墩台不均匀沉降值超过设计规定时,必须调整纠正支座高程偏差;

e）橡胶支座、油毛毡支座老化，钢支座失效时，应及时更换；

f）滚动面不平整，轴承有裂纹、切口或个别辊轴大小不合适，应更换；

g）滑移的支座应及时恢复原位，脱空支座应及时维修。

8.3.2 支座脱空可根据脱空量采用下列处理方法：

a）脱空量≥10mm 时，宜更换支座或抬高垫石；

b）脱空量＜10mm 时，宜垫入楔形钢板，支座与梁底应密贴。

8.3.3 支座太高可根据抬高量的大小采用下列处理方法：

a）抬高量在 50mm 以内可垫入钢板，抬高量在 50mm～300mm 内可垫入铸钢板；

b）就地灌注高强钢筋混凝土垫块，厚度不应小于 200mm。

8.3.4 整体顶升上部结构更换支座应符合下列规定：

a）在收集和掌握桥梁设计、竣工、养护、运营等方面资料的基础上，进行全桥检查，对结构的可靠性、耐久性，对顶升工程的安全性、可行性进行评估。顶升方案应进行专项设计，并经专家论证后方可实施；

b）连续梁应隔墩逐级顶升，并应控制每级顶升高度，不应超过不均匀高差控制值；

c）对顶升梁段纵横向均应设置临时限位装置；

d）每级顶升后，应及时垫实；

e）应对顶升全过程实行计算机及测量仪器的监测。

9 下部结构养护

9.1 一般规定

9.1.1 桥梁墩台应定期检查,发现病害应查明原因,并观察其发展趋势,及时采取措施。

9.1.2 当墩台裂缝超过表 13 规定的限值时,应查明原因,根据损坏类型及程度,采取相应的技术措施进行维修处治。

表 13 墩台裂缝限值

裂缝部位		允许裂缝最大宽度/mm	其他要求
墩台帽		0.30	
经常受浸蚀性环境水影响	有筋	0.20	
	无筋	0.30	不允许贯通墩台身截面的 50%
常年有水,但无浸蚀性影响	有筋	0.25	
	无筋	0.35	不允许贯通墩台身截面的 50%
干沟或季节性有水河流		0.40	不允许贯通墩台身截面的 50%
有冻结作用部分		0.20	

9.1.3 桩或墩台的结构强度不足或桩柱碰撞损坏时,应查明原因,进行加固处理。

9.1.4 墩台出现缺损,而墩台身处于常水位以下时,可根据不同情况采用围堰抽水或水下作业的方法进行修补。

9.1.5 桥梁基础及地基应完整、稳定,发生水毁、冲空时应立即进行维修加固。

9.1.6 简支梁墩台基础沉降和位移,超过下列容许限值,应采取相应措施予以加固:

a) 墩台均匀总沉降值(不包括施工中沉降):($2×\sqrt{L}$)cm;

b) 相邻墩台均匀总沉降值(不包括施工中沉降):$\sqrt{L}$ cm;

c) 墩台顶面水平位移值:($0.5×\sqrt{L}$)cm。

注1:L 为相邻墩台间最小跨径长度,以米计,跨径小于 25m 时,仍以 25m 计算。

注2:桩柱式柔性墩台的沉降以及基桩承台上的墩台顶面水平位移值,可视具体情况确定,以保证正常使用。

9.2 墩台

9.2.1 墩台的日常养护应符合下列规定:

a) 墩台应保持清洁,及时清除其表面的青苔、杂草、积土和污秽,对于经常受到人为污染的墩台,可设围栏防护;

b) 圬工砌体表面灰缝脱落时,应重新勾缝;表面部分严重风化和损坏时,应清除损坏部分后用与原结构物相同的材料补砌,应结合牢固,色泽和质地宜与原砌体一致;

c) 当混凝土表面发生侵蚀剥落、蜂窝麻面等病害时,应及时将其周围凿毛洗净,用水泥砂浆抹平;不易用水泥砂浆补牢的,可采用环氧树脂或其他聚合物类材料等性能较好的材料修补;

d) 桥台顶面没有流水坡或坡面凹凸不平,宜用聚合物类材料或混凝土填补,并做成横向坡度以利排水;

e) 当立交桥墩靠近机动车道时,应在桥墩周边安装防护设施;

f) 对设置的防撞、警示等附属设施应经常维护,保持良好的状态;

g) 锥坡应保持完好,锥坡开裂、沉陷、受洪水冲空时,应及时采取措施进行维修加固;

h）翼墙出现下沉、断裂或其他损坏时，应及时维修加固。

9.2.2 墩台的常见病害类型、病害原因及维修对策可按附录 G 中表 G.2、表 G.3 实施，并应符合下列规定：

a）当墩台受水浸、风化剥落深度在钢筋保护层以内时，可采用高强度聚合物类防水材料补修。当剥落深度超过保护层，且损坏面积较大时，应对钢筋进行除锈补强，增设钢筋网与桥台锚固，浇注高强度聚合物类混凝土予以裹覆。在水位变化频繁处，涂刷高强度聚合物类防水材料防护；

b）当墩台由于混凝土温度收缩，局部应力集中及施工不良等原因而产生裂纹时，应视裂缝大小分别采取下列措施。墩台裂缝限制按照表 13 的规定：

1）裂缝小于表 13 规定的限值，应采用涂刷环氧树脂或刮涂聚合物防水材料进行处理；

2）裂缝大于表 13 规定的限值，应采用压力灌浆法灌注环氧树脂或采用纤维类材料加固；

3）石砌圬工桥台，出现错缝和通缝时，应拆除部分石料重新砌筑；

4）由于支座失效而造成墩台裂缝，应修复或更换支座，并处理裂缝；

5）由于基础不均匀沉降而产生的裂缝，应先加固基础。产生贯通墩台的竖向裂缝，数量较多且有发展，应对其进行安全技术评估后，确定维修加固方案。需加固时可采用预应力法、纤维织物法、扩大体积法、钢板法、综合法等予以加固，水位变化处要有防水处理；

c）桥台发生水平位移和倾斜，应分析原因，制订加固方案，进行加固；

d）桩柱式墩台迎水侧桩柱和车行道上的桩柱，被车辆、船只、流冰等撞损，可将损伤的桩柱凿除松动部分，添加钢筋，立模灌注原等级的混凝土，按原样恢复，或在桩柱损伤处，将原混凝

土凿毛,加设围带,用扩大体积法或纤维织物法使损伤的桩柱得以加强;

e) 桥台锥坡及八字翼墙在洪水冲击或填土沉落的作用下容易发生变形和铺砌层勾缝脱落。修复时应夯实填土,常水位以下应采用浆砌片(块)石,并勾缝;

f) 当墩台变位产生的附加内力影响到桥梁的正常使用和安全时,或桥梁墩台基础自身结构出现大的缺损使承载力不够时,应进行加固处理。

9.2.3 连续梁桥和拱桥的墩台不均匀下沉超过设计允许值,应查明原因,及时调整支座高程,以保证其上部结构合理的受力状态。

9.2.4 桥台台背出现明显下沉,导致搭板脱空、桥头跳车、挡墙开裂时,应及时修复,修复方法可采用破除重修、压力注浆法等。

9.2.5 抗倾覆性不足的独柱墩桥必须进行加固、改造,并进行结构验算或专项检测。

9.3 基础

9.3.1 桥梁基础日常养护应符合下列规定:

a) 跨河桥梁上下游50m~500m范围内的河床应稳定,并随时清理河床上的漂浮物和沉积物。不得在河床内建构筑物和挖砂、取土、采石、倾倒废弃物;

b) 若基础冲刷过深或基底局部掏空,应立即抛填块石、片石、铅丝石笼等进行维护;

c) 桥下河床铺砌出现局部损坏时应及时维修。若砌块损坏,可补砌或采用混凝土修补。

9.3.2 桥梁墩台基础局部被冲空、地基承载力不足等病害时,应进行维修加固专项设计,并经专家论证后方可实施。

10 人行天桥养护

10.1 一般规定

10.1.1 人行天桥应进行经常性巡视检查和养护,并使之处于完好状态。

10.1.2 人行天桥桥面应及时排水,清除冰棱和积雪,保持泄水孔通畅。

10.1.3 桥面及踏步铺装应完好,并应保持必要的粗糙度。桥面铺装层应保持平顺、牢固、无翘曲,出现损坏应及时修补。

10.1.4 梯道防滑条应完好、有效,梯道雨季不应积水;坡道、梯道冬季不应结冰、积雪,铺装完好、牢固,不得有大于 $0.1m^2$ 坑洞、大于 10mm 翘起或大于 $0.2m^2$ 空鼓。

10.1.5 栏杆或护网应完好、清洁、美观、直顺、坚固,对各种损坏应及时维修或更换。

10.1.6 桥面伸缩缝应平整、直顺、伸缩自如,处于良好的工作状态。有堵塞时应及时清除,出现渗漏、变形、开裂时应及时维修。

10.1.7 封闭式天桥应清洁、通风,封闭结构应完好。

10.1.8 电梯应有专人操作,并应按相关规范进行维修、保养。每年应按相关行业要求进行安检,安检不合格的严禁使用,超过安检期未安检的应停止使用,严禁带病运转。电梯停运期间不得作为人行梯道使用。

10.1.9 人行天桥上方的架空线距桥面不满足安全距离时,桥上应设置安全护罩,护罩距桥面的距离不应小于 2.5m。

10.1.10 人行天桥电梯井提升水泵、配电箱等机电设施应每月检查一次,所有电气设备必须安全、可靠、有效,线路不得老化、漏电和超负荷运行。

10.2 人行天桥病害及维修

10.2.1 人行天桥常见病害类型、病害原因及维修对策可按附录 G 中表 G.4 实施。

10.2.2 人行天桥铝合金结构的养护维修可参考 7.2.2 相关规定执行。

10.2.3 人行天桥混凝土养护维修技术应符合下列规定:

a) 损坏、松动的混凝土应凿除、清理,直至露出坚实、洁净基层面。钢筋锈蚀外露时,应对钢筋表面进行除锈;

b) 当剔凿深度在 30mm 以内时,可采用砂浆进行修补,修补后表面应做拉(磨)毛处理;当剥落深度在 30mm 以上,且损坏面积较大时,可用高强度细石混凝土进行修补;

c) 修补后的防滑面层应平整粗糙、颗粒均匀、抹痕对称;

d) 自然养生 4h 后,开放交通;

e) 桥面防滑层施工的验收应符合表 14 的要求。

表 14 桥面防滑层施工质量验收

项目		规定值及允许偏差	检验频率	检验方法
防滑层	外观质量	面层应平整粗糙、色泽均匀一致、颗粒均匀,周围整洁、无材料污染;装饰色彩、图案与周围环境协调	全数检查	目测
	平整度	≤5mm	2 点/10m	2m 直尺
	黏结强度	≥2MPa	每桥一次	黏结强度实验
	厚度	≥设计厚度	1 点/10m	钢直尺
	抗滑性	摆式仪测定值≥50	1 点/10m	摆式仪

项目		规定值及允许偏差	检验频率	检验方法
防水性	坡向	坡向正确、无积水现象	1点/10m	目测、坡度尺检查或雨后观察
	整体防水性	整体防水性良好，底层无渗漏	每桥一次	目测
接茬		a)接缝直顺，允许偏差5mm；b)与周围路面、结构物接茬平顺。	1点/20m	10m拉线、钢直尺、目测

10.2.4　人行天桥伸缩装置维修更换应符合下列规定：

a）拆除伸缩装置原结构和两侧保护带至桥面板，注意保护安装预埋件不被破坏。安装位置如无连接预埋件，应补植连接锚筋；

b）按设计位置安装止水带和金属盖板，拧紧锚固螺钉，并在适当位置灌注密封胶；

c）在伸缩装置两侧按原样铺设天桥铺装层；

d）当天桥铺装层养生达到设计强度后恢复交通；

e）人行天桥伸缩装置维修更换质量验收应符合表15要求。

表 15　人行天桥伸缩装置维修更换质量验收

项目	规定值或允许偏差	检验频率	检验方法
长度	满足设计要求	每道	钢尺量
缝宽	满足设计要求	每道两处	钢尺量
与桥面高差	±3mm	每道3处	钢尺量
横向平整度	≤5mm	每道	3m直尺
外观质量	无堵塞、渗漏、变形、开裂等现象	全数检查	目测

11 桥梁安全防护

11.1 一般规定

11.1.1 城市桥梁应根据桥梁类型和安全保护区域工程作业类别设定安全保护区域范围,加强安全保护区域工程作业管理。

11.1.2 城市桥梁技术管理包括竣工移交资料,交通量调查、数据库建立、养护工程检查与验收和桥梁常规定期检测、结构定期检测及特殊检测,桥梁技术状况评估。

11.1.3 技术管理应健全制度,依靠科学养护,实行规范化管理,逐步推广应用评价管理系统等管理手段,巩固、改善和提高现有桥梁的技术状况和服务水平。

11.1.4 桥面维修时,对柔性桥(如斜拉桥、悬索桥、系杆拱桥等)的加载或卸载应符合设计的要求,设计无要求时,应对称加载或卸载。

11.1.5 对Ⅰ类、Ⅱ类养护的桥梁,应由产权人或管理养护单位编制专项检查与养护管理办法。

11.1.6 对Ⅰ类、Ⅱ类养护的桥梁,宜设置健康监测系统及推行桥梁养护智能养护管理系统,并加强系统的维护管理,保证使用功能。

11.2 安全保护区

11.2.1 在城市桥梁安全保护区内从事下列作业行为的,应加强安全保护区施工作业管理:

a) 河道疏浚、河道挖掘等施工作业;

b）桩基施工、修建地下构筑物、盾构施工、地下管线施工、爆破、基坑开挖、降水施工等；

c）大面积堆载、卸载作业；

d）其他可能损害桥梁的工程作业。

11.2.2 基坑工程作业时，不同类型桥梁安全保护区范围的确定应符合表16的规定。

表16 基坑工程作业桥梁安全保护区的界定

桥梁类型	桥梁安全保护区/m		
	基坑开挖深度 H≥12	基坑开挖深度 12＞H≥7	基坑开挖深度 H＜7
特大桥	75	65	55
大桥	65	55	50
中桥	55	50	45
小桥、涵洞	50	45	40

11.2.3 桩基工程作业时，不同类型桥梁安全保护区范围的确定应符合表17的规定。

表17 桩基工程作业桥梁安全保护区的界定

桥梁类型	桥梁安全保护区/m	
	挤土桩	非挤土桩
特大桥	80	40
大桥	60	30
中桥	50	25
小桥、涵洞	40	20

11.2.4 河道疏浚时，城市桥梁安全保护区范围为河道上下游（桥梁外边线两侧）各30m。

11.2.5 爆破作业时，城市桥梁安全保护区范围为桥梁周边200m。

11.2.6 大面积堆载、卸载作业时,城市桥梁安全保护区范围为桥梁垂直投影面周边 50m。

11.2.7 在城市桥梁安全保护区域作业的,建设单位应在施工前向城市桥梁养护管理部门提出申请。城市桥梁养护管理部门应参与城市桥梁安全保护设计、保护标准和第三方监测方案的制订和论证,并应与建设单位签订城市桥梁安全保护协议。

11.2.8 建设单位应按城市桥梁安全保护设计方案和城市桥梁安全保护协议施工,对可能影响城市桥梁安全的,应采取加固措施,并应委托具有相应资质的专业检测单位进行检测,检测报告应报送城市桥梁养护管理部门。

11.2.9 施工作业期间,建设单位应委托有相应资质的第三方专业检测单位对城市桥梁进行动态监测,并定期向城市桥梁养护管理部门报告桥梁的动态。

11.2.10 城市桥梁养护管理部门应编制应急预案和监管方案,发现桥梁安全隐患应及时处置。

11.3 桥下空间安全管理

11.3.1 城市桥梁桥下空间使用应满足城市交通功能要求,仅限于临时停放车辆、设置道路养护管理设施或绿化,不宜移作他用。

11.3.2 城市桥梁桥下空间使用单位应建立健全消防安全管理制度、环境卫生管理制度。

11.3.3 城市桥梁桥下空间使用应征得城市桥梁养护管理部门同意并进行备案,使用空间距桥梁结构不得少于 1.5m,且不得封闭桥墩、桥台,不得影响养护、维修和检测作业。

11.3.4 城市桥梁桥下空间使用单位应配合城市桥梁养护管理部门进行桥梁的日常养护、维修和检测作业。

11.4 超重车过桥管理

11.4.1 城市桥梁管理单位必须在桥头设置限载标志。

11.4.2 超重车辆过桥应按《宁波市市政设施管理条例》执行。

11.4.3 超重车辆过桥,应采取技术措施,按公安交通部门审批的规定路线行驶。

11.4.4 当车辆荷载超过桥梁限载能力时,应由城市桥梁养护管理部门对桥梁进行评估、加固。加固方案应由原桥梁设计单位设计、验算,并经桥梁养护管理部门审核通过后方可实施。

11.4.5 超重车通过桥梁时,应符合下列规定:

a) 超重车辆通行时,应临时禁止其他车辆通行;

b) 超重车应沿桥梁的中心线行驶,偏离不得大于 0.5m;

c) 慢速行驶,车速不得超过 5km/h;

d) 不得在桥上制动、变速、停留;

e) 对大跨径桥梁,超重车与拖车应按桥梁荷载受力影响线离开一定距离,以改善超重车过桥时的受力状况;

f) 超重车通行时,城市桥梁管理机构应派人组织指挥、现场监督、随时检测,观察是否有位移、变形、裂缝扩张等,并予记录;

g) 未采取有效加固措施前,禁止车辆轴载超过桥面设计允许值的车辆通行。

11.5 自然灾害及突发事故处理

11.5.1 暴风雨及雷击

11.5.1.1 大雨暴风及雷电天气中,须按规定对过桥车辆限速或封闭交通。暴风雨后,应对桥梁进行全面检查,发现灾损,及时整治。特别注意检查桥上照明、通讯、航空障碍灯、避雷设施等是否有损坏。

11.5.1.2 暴风大雨中车辆过桥宜慢速行驶。

11.5.1.3 桥梁的索塔、拉索、桥面等部位应采取引下线、接地装置、等电位连接等避雷措施。

11.5.2 爆炸及火灾

11.5.2.1 当桥上车辆爆炸或火灾时,应立即采取措施进行灭火及向 119 报警。事故现场处理后,应查清原因,确定桥梁受影响的范围和部位。

11.5.2.2 爆炸及火灾事故后,应对桥梁进行特殊检测:

a) 爆炸或火灾影响范围内的桥面、加劲梁及伸缩缝是否受损。

b) 斜拉桥的拉索、锚头、悬索桥的吊索、系杆拱桥的吊杆及其连接件是否受损:

  1) 如有损伤,应对拉索、吊索索力或吊杆拉力进行测定,依据所测数据确定是否应进行索力、拉力调整或更换部件;

  2) 如爆炸或火灾发生处靠近桥中主缆(高度 10m 以下),则须检查主缆外表防腐系统有无变化,损坏严重者应检查主缆钢丝是否有受损。如有损毁应予修复或更换。

c) 查看桥面栏杆、护栏、照明设施、中央分隔带及其他部位是否损坏。及时修复损毁。

11.5.3 撞击

船舶或漂浮物撞击大桥桥墩后,应立即检测伤损程度,采取补强处理措施。

11.5.4 车祸

桥上发生车祸后,应仔细检查车祸涉及的桥梁部位及采取处理措施。对于关键部位如拉索、主缆、吊索等,应仔细检查,确定方案,及时整治。桥梁栏杆如有损坏,须进行临时围护,尽快修复。

11.5.5 人为突发事件

11.5.5.1 桥梁上严禁人群聚集或集会。严禁齐步走或齐步跑。

11.5.5.2 如遇人群密集性的突发事件，应配合有关部门进行疏散，加强桥梁重要结构的保护，防止人为破坏。事件后，对受影响的结构、构件进行检查、验算。

11.5.6 各种事故后的结构验算

在暴风雨、爆炸、火灾、船舶撞击、车祸、人为突发事件等事故后，如涉及结构安全，均应对结构进行检查、验算。

11.6 交通量调查

11.6.1 桥梁交通量调查的主要内容包括交通量观测及其组成，以及原始数据的整理和分析。

11.6.2 交通量观测的要求和形式应符合下列规定：

a) 交通量观测数据的准确可靠；逐步应用自动化的观测技术手段和数据处理技术；交通量观测应由桥梁管理单位组织专人进行；

b) 交通量观测采用两种形式：

　　1) 间隙式观测：按年养护计划确定的观测日期，对交通量进行定期统计观测。城市桥梁一般宜用间隙式观测；

　　2) 连续式观测：全年分小时连续不断地对交通量进行统计观测。

11.6.3 交通量观测方法应符合下列规定：

a) 用人工或仪器通过规定观测断面的各种类型车辆，分车型记录在表格或计数器上，每小时记录一次结果，对结果进行整理并记录在标准观测表格上；

b) 有条件的特大桥或大桥可采用自动测量交通流量系统工程，对桥梁车辆通行量实时自动计量。

11.6.4 间隙式观测站应在桥梁两端、视线开阔、具备观测条件的地点,也可结合收费站(点)或监控点设观测站。

11.6.5 间隙式观测次数根据需要而定。每个测点至少每月必须观测一昼夜,且须连续观测 24 小时。观测时间一般定为观测当日上午 8 时起至次日上午 8 时。

11.6.6 交通量观测站(点)对取得的原始观测资料,应及时进行整理、汇总、计算和分析,及时建档、归档。

11.7 桥梁技术资料管理

11.7.1 桥梁技术资料包括桥梁竣工前的资料和养护期间的资料。新建桥梁的竣工资料,应在竣工验收后 3 个月内移交养护管理单位。

11.7.2 桥梁技术档案应按照集中统一管理技术档案的基本原则,建立、健全档案。技术文件须完整、准确,系统地分类归档:

a) 桥梁产权人或管理养护单位应专门设置技术档案管理部门,配备专职(或兼职)人员;在工程竣工验收时,技术档案管理部门应派员参加点检、接收竣工资料;

b) 对接收到的技术档案,应按规范加工整理,编制检索目录;

c) 对重要的科技档案应当复制副本及建立电子文档,分别保存,以保证科技档案的安全和利用;

d) 借阅、复制桥梁技术档案应严格批准手续,防止技术资料丢失或失密;

e) 保管科技档案应有专用库房,库房内应保持恒定的温度湿度,并应有防盗、防火、防晒、防虫、防尘等安全措施;档案库应定期进行安全消毒,杀菌;每季度定期检查科技档案的保管状况;

f) 销毁科技档案应根据档案保存的期限,按审批程序处理;

g）桥梁必须使用计算机技术进行桥梁技术档案资料管理，使档案资料信息化，提高资料的利用效率。

11.8 健康监测系统的管理

11.8.1 特大桥应进行健康监测，对结构整体行为进行实时监控和对结构状态的智能化评估。

11.8.2 桥梁结构健康监测包括桥梁结构的局部检测和桥梁整体的健康监测，以识别结构损伤和结构整体安全性。

11.8.3 健康监测系统须设专门管理部门进行系统日常管理与维护。

11.8.4 每季度应对系统设备进行一次检查分析，确保系统完整，正常运行。

12 养护作业安全管理

12.1 一般规定

12.1.1 城市桥梁的日常巡查、检测、维修等养护作业应符合相关安全操作规程,做好安全防护工作。

12.1.2 养护作业的安全防护工作包括交通导改及封道作业、攀登作业、悬空作业、操作平台的安全防护。用电、焊接、动用明火等应符合宁波市及国家安全作业相关法律、法规的规定。

12.1.3 养护作业人员应具有操作相应设备和从事相关工作的资格证书,且应定期接受安全教育和技术培训。

12.1.4 养护与维修作业人员应按相关安全操作规程要求作业,作业人员必须戴安全帽、穿工作服,高空作业系安全带。

12.1.5 在桥梁栏杆外进行作业时,必须设置悬挂式吊篮等防护设施,作业人员必须系安全带。

12.1.6 城市桥梁养护作业时应按相关规定要求,合理布设施工作业区、设置标志和安全防护设施,保证施工车辆、人员和过往车辆的通行安全。

12.1.7 养护作业使用的各类标志应完好、醒目,其材料、颜色、规格及使用应符合 GB 5768 的相关规定。

12.1.8 养护作业车辆应使用统一标志,执行紧急抢修任务时,在保证交通安全畅通的情况下,可不受时间、行驶路线、行驶方向、交通标志、标线的限制。

12.1.9 养护作业时,应在缓冲区内每车道设置一辆防撞缓冲车或移动式标志车,作业时应开启警示灯、闪烁箭头灯和语音提示设施(必要时)。

12.1.10 养护作业完成后,应及时撤除临时性交通标志、隔离设施等安全设施。设置和撤除交通锥时,宜使用机械装置。

12.1.11 在通航河道进行桥墩、桥台维修时,应在上、下游航道两端设置安全设施,夜间必须设置警示信号,必要时应与相关单位取得联系,采取相应措施。

12.2 交通导改及封道作业

12.2.1 交通导改应符合下列规定:

a) 占道养护时应在作业现场划出作业区,制订交通组织方案,设置相应的标志与设施,以确保作业期间的交通安全;

b) 不划定作业区的流动作业应在路段上设置可移动的安全标志;

c) 养护作业工具、材料应放置在作业区内或其他不影响正常交通的场所。

12.2.2 交通导改设施应符合下列规定:

a) 锥形交通路标自作业区前规定距离处沿斜线放置至作业区侧面,侧面距离作业现场 1m~3m,作业现场后方沿 45°角放置,布置间距宜为 5m~10m,夜间作业时应有反光功能,且应符合 GB 5768—2009 规定;

b) 作业人员应着安全服、戴安全帽,应当符合 GB 2893 和 GB 6527.2 的规定,并应具备反光或部分反光性能;

c) 专用作业车辆应安装明显的安全标志,作业车辆必须配置作业标志灯(黄色闪光警示灯),夜间或遇雨、雪、雾天施工时必须开启。开启时每分钟闪烁 60 次~90 次,且至少 100m 以外清晰可见。作业车辆停放时应停放在作业区内,或施工方案规定的其他允许停放车辆的场所,并按规定设立临时标志;

d) 移动式标志车其后部有醒目的标志牌,使用时其尾部应面向交通流前进方向,设置于上游过渡区或缓冲区内;

e) 路栏应由刚性材料制成,用于夜间作业时应有反光功能,

设置在作业现场两端或周围,侧面距离作业现场 0.5m～1.5m,两端距离宜为 10m～30m;

f) 施工警告灯宜与其他安全设施组合使用,设置在作业区周围的锥形交通路标处,应反映作业区的轮廓,离地高度 1.5m;

g) 防撞桶(墙)应为半刚性装置,由聚乙烯等高强合成材料制成的空心装置,其上有黄黑相间颜色,顶部可安装黄色施工警告灯,使用时内部应放置水袋或灌水;

h) 施工隔离墩宜为由聚乙烯等高强合成材料制成的空心半刚性装置,其上有黄、黑色和反光器,使用时内部应放置水袋或灌水,并由榫槽连接;

i) 安全带宜由布质等柔性材料制成,其上有红、白相间色,夜间作业时应有反光功能,宜与其他设施组合使用;

j) 当夜间进行养护维修作业时,应设置照明设施,照明应满足作业条件,并覆盖整个工作区域。

12.2.3 封道作业应针对半封闭交通作业与全封闭交通作业两类情况分别处置。半封闭交通作业占用部分车道,允许车辆从作业区旁边的车道限速通行。全封闭交通作业占用作业路段的全部车道,不允许车辆在该路段通行。

12.2.4 半封闭交通作业时,安全保护区应布置为六个区域,按行车方向顺序为:警告区、上游过渡区、缓冲区、作业区、下游过渡区、终止区(如图 1 所示):

a) 警告区的长度不宜小于 1 000m ,并应在警告区的起点设置限速标志,限速 30km/h 。当警告区段长度无法满足最小长度要求时,警告区的限速标志宜置于临近施工路段匝道的起点处;

b) 上游过渡区的长度应符合表 18 的规定;

c) 缓冲区的长度设置应符合表 19 的规定,缓冲区与上游过渡区内应设防撞措施;

d) 在安全保护区(除警告区外)内,应在作业控制区靠行车道一侧设置防护与隔离措施,锥形交通路标在上游过渡区内间

距应为 lm,在其他区域内的间距应为 2m,作业区下游末端应设置人员、机具、材料等的出入口;

e)下游过渡区和终止区是供车辆驶离作业控制区恢复正常车道行驶的变换区间。下游过渡区长度应不少于 30m,终止区长度应不少于 30m。在终止区的起点,应设置取消限速标志。

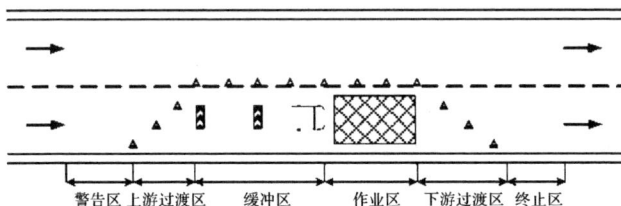

警告区 上游过渡区 缓冲区 作业区 下游过渡区 终止区

图1 半封闭交通安全保护区布置示意图

表18 上游过渡区长度

限制车速/	上游过渡区长度/m			
(km/h)	关闭单车道	关闭双车道	关闭三车道	关闭四车道
20	15	25	35	40
30	20	50	70	90
40	40	80	120	160

表19 缓冲区长度

限制车速/(km/h)	缓冲区长度/m
20	20
30	35
40	50

12.2.5 全封闭交通时应采取以下安全保护措施:

a)全封闭交通应按图 2 设置安全保护区,各区域的长度应满足 12.2.4 的相关规定,对四车道以上的情况应适当延长各区域的长度;

b）在作业区前方的上引道和下引道入口处应设置指示"前方施工，车辆禁入"等内容的标志并布置纠察，引导车辆改走地面道路或周边高架桥。

图2　全封闭交通安全保护区布置示意图

12.3　攀登作业安全

12.3.1　在养护维修作业时应确定用于现场施工的登高和攀登设施。现场登高应借助桥梁结构或脚手架上的登高设施，也可采用载人的垂直升降设备。

12.3.2　攀登的用具，结构构造上应牢固可靠。供人上下的踏板承载能力不低于150kg。当梯面上有特殊作业，重量超过上述荷载时，应按实际情况进行验算。

12.3.3　移动式梯子应按国家标准进行验收。

12.3.4　梯脚底部应坚实，不得垫高使用。梯子的上端应有固定措施。立梯工作角度应保证施工人员安全，踏板上下间距以300mm为宜，不得有缺档。

12.3.5　梯子如需接长使用，应有可靠的连接措施，且接头不得超过1处。连接后梯梁的强度，不应低于单梯梯梁的强度。

12.3.6　折梯使用时上部夹角以35°～45°为宜，铰链应牢固，并有可靠的拉撑措施。

12.3.7　固定式直爬梯应由金属材料制成。梯子顶端的踏板应与攀登的顶面齐平，并加设1m～1.5m高的扶手。使用直爬梯进行攀登作业时,攀登高度以 5m 为宜。超过 2m 时,宜加设护笼,超过 8m 时,必须设置梯间平台。

12.3.8 作业人员应从规定的通道上下,不得随意攀登。上下梯子时,应面向梯子。

12.4 水上作业安全

12.4.1 水上作业船只及设备必须检验合格后方可作业。

12.4.2 施工现场上游和下游必须按规定距离设置通航警示标志,施工区域航道两侧应设置水上交通作业安全须知牌。

12.4.3 施工使用的各种船只,按航道管理部门规定设置航运标志,并备有救生、消防及靠绑设备,并加以保管。

12.4.4 当发生六级以上大风时,应停止工作,并检查加固水面上的船只和锚缆等设施。如确有需要继续作业时,必须采取有效的安全保障措施。

12.4.5 作业人员应穿戴救生衣,不得穿有统胶鞋、高跟鞋、带钉易滑硬底鞋。

12.4.6 夜间作业须有足够照明。

12.4.7 作业人员不得向施工水域抛弃施工生产废弃物、污油、污水和生活垃圾。

12.5 水下作业安全

12.5.1 潜水作业必须坚持"安全第一、预防为主"的方针,潜水作业企业必须建立健全安全生产责任制和群防群治制度,加强对潜水作业安全的管理,严格执行安全生产责任制,并采取有效的安全保障措施,防止伤亡和其他生产安全事故的发生。

12.5.2 作业人员必须有潜水员证书,并持有国家认可的潜水专业或潜水医学专业部门出具的潜水员本年度身体健康的证明。

12.5.3 作业时,必须配备合格的潜水装具、通风设备、安全绳、防爆型照明灯具等装具和安全设施及现场急救车辆、消防器材、应急救护物品。

12.5.4 潜水作业企业承接养护作业任务时应主动出示"潜水作业安全证"原件，经发包单位确认无误后，签订潜水作业合同和安全协议书。

12.5.5 潜水作业企业的法定代表人对本企业的安全生产负全面责任，项目经理或现场负责人对现场的安全生产负总责。

12.6 操作平台安全

12.6.1 移动式操作平台，应符合下列规定：

a）操作平台应由专业技术人员按相关规范进行设计；

b）操作平台应进行稳定验算，并采取措施减少立柱的长细比；

c）装设轮子的移动式操作平台，轮子与平台的接合处应牢固可靠，应有锁止装置，立柱底端离地面不得超过80mm；

d）操作平台四周应按临边作业要求设置防护栏杆，并布置登高扶梯；

12.6.2 操作平台上应显著标明容许荷载值。操作平台上人员和物料的总重量，严禁超过设计容许荷载。

12.7 其他作业安全

12.7.1 高空作业应符合 JGJ 80 的相关要求。

12.7.2 用电作业应符合 JGJ 46 的相关要求。

12.7.3 在城市桥梁箱梁等受限空间作业应符合 DB 33/707 的相关要求。

12.8 桥梁检测车安全

12.8.1 桥梁检测车应设置安全警示标志。

12.8.2 桥梁检测车的工作条件应符合下列要求：

a) 桥（地）面坚实平整，干燥和清洁，作业过程不得下陷；

b) 桥（地）面纵坡不大于 5%，横坡不大于 3%；

c) 环境温度－20℃～45℃；

d) 风速不超过五级。

12.8.3 桥梁检测车作业时，应满足下列要求：

a) 桥梁检测车的升降机构及驱动控制系统应可靠，工作平台在额定载荷下起降时应能在任意位置可靠制动，制动后 15min，平台下沉量不得超过 30mm；

b) 桥梁检测车各臂架机构及回转机构应保证平台升降、回转、伸缩作业时平稳、可靠、准确，无爬行、震颤等现象；液压系统无渗漏、无异响；

c) 平台下降、起升、伸缩速度不得大于 0.4m/s；

d) 桥梁检测车启动、回转、制动应平稳、准确、无抖动、晃动现象，微动性能良好。

12.8.4 桥梁检测车的工作平台应符合下列要求：

a) 桥梁检测车平台的工作表面应防滑；工作平台可设置梯子，梯子踏步应防滑；平台可设置出入门，门不得向外开，也可用栏杆、挡链或其他设施代替；

b) 折叠式桥梁检测车工作平台四周应有护栏或其他防护结构，桁架式工作平台护栏中间应设斜拉杆和护网或护板，以防止工作人员及工具滑落；

c) 平台上不得超过作业车额定载荷或承载人数，台面上工作人员应系安全带。

13 养护工程检查及验收

13.1 桥梁的小修、中修的维修方案应由桥梁管理单位编制；大修或改善工程应由有资质的单位进行设计、监理和施工。

13.2 施工单位应对养护工程的每个施工环节、工序、工艺、材料、操作程序、安全质量等进行自检，填写原始记录，经监理工程师查验核实、签证认可。

13.3 专项养护工程应由养护管理单位定期进行检查。

13.4 养护工程按设计文件及工程合同的要求建成，经施工单位进行自检合格，编制完工程竣工文件后，即可报请管理养护单位组织验收。

13.5 保养、小修的检查验收应符合下列规定：

a）养护单位应检查保养、小修的施工质量；

b）养护单位应及时检查保养、小修完成情况及损坏恢复程度；

c）养护单位应对小修验收归档。

13.6 中修工程的检查与验收应符合下列规定：

a）养护单位质量监理人员应对工程过程和隐蔽部分的施工进行检查和验收；

b）工程完成后，养护单位应对工程外观质量及桥梁整体恢复程度提出验收意见，并报有关单位备案；

c）中修工程竣工资料应及时验收归档。

13.7 大修工程的检查与验收应符合下列规定：

a）大修工程应建立严格的质量管理体系；

b）管理单位质量监理人员应对工程过程和隐蔽部分的施工进行检查和验收，并及时做好验收记录；

c）大修工程应按分项工程逐项进行验收；

d）大修工程竣工验收程序应符合下列规定：

    1）工程竣工后，应先由施工单位按设计文件和桥梁维修作业验收标准进行自检，做出自检记录和质量自评；

    2）管理单位接到施工单位申请办理正式验收的报告后，应立即组织验收并进行质量评定；

    3）工程内容符合设计文件、工程质量符合验收标准、竣工文件齐全完整时，管理单位应及时办理交验手续。如工程未达到验收标准，管理单位提出整改意见，由施工单位及时整改，达到标准再行复验；

    4）大修工程竣工资料应及时验收归档。

13.8 城市桥梁的中修、大修可按照 CJJ 2 进行验收，改扩建工程检查与验收应依据新建工程的质量标准进行。

附　录　A

（规范性附录）

日常巡检报表

表 A.1～表 A.4 给出了日常巡检用相关报表。

表 A.1　桥梁基本资料

桥梁名称		编号		桥梁 分类	□特大桥 □大桥 □中桥 □小桥
所在道路		跨越			
养护类别		养护等级			
建造年月	年　月	正斜交角			
桥梁结构类型	□梁桥 □拱桥 □斜拉桥 □悬索桥 □钢-砼组合梁桥 ◎				
主梁型式	□预应力砼 □普通钢筋砼 □钢箱梁 □钢混叠合梁 ◎				
跨径组合					
桥梁长度	m	桥梁跨数	孔		
桥梁宽度	m	桥面面积	m²		
桥面结构型式	□砼桥面 □沥青砼桥面 ◎				
伸缩缝型式	□型钢式 □梳齿板式 □异型钢模数式 ◎				
栏杆型式	□青石 □铸造石 □砼 □钢筋砼 □普通钢管 □不锈钢管 □塑钢				
桥墩	○单肢 ○双肢 ○肢 □圆柱 □方柱 □Y型 ◎				
基础	(□砼 □片石砼)扩大基础 (□块石 □毛石)圬工基础 □桩基 □群桩 □沉井 ◎				
桥台	○圬工 ○砼 □重力式 □薄壁式 □肋台式 □桩柱式 ◎				
附挂管线	□给水管 □燃气管 □电力线 □通讯电缆 ◎				
说明					
注：□、○内打"√"，或在◎后补充。					

表 A.2 城市桥梁日常巡检病害记录表

桥梁名称：　　　　　　　　　　　　　　　编号：

日期	检查项目	病害说明及损坏程度描述	养护情况	巡查人

注 1：同部位相同病害可只填第一次发现的情况，如发现病害继续发展，填写时同格补充（注明日期）。

注 2：养护情况填写修复完成情况，或上报养护计划情况，或养护建议。

表A.3 城市桥梁(常规)日常巡检报表

桥梁名称: 巡查日期: 年 月 日 星期 天气

检查项目	状况	病害说明及损坏程度	备注
桥名牌	□完整 □未设		涂污、破损
限高标志	□完整 □未设		人行天桥、跨线桥、立交桥、车行通道、通航桥梁
限载牌	□完整 □未设		立交桥、跨河桥等
交通标志、标线	□完整 □未设		损坏、缺失、不清、锈蚀
栏杆	□完整 □未设		污秽、破损、缺失、松动、错位、掉漆、露筋、锈蚀
端柱	□完整 □未设		
人行道	□完整 □未设		平整性、裂缝、坑槽、塌陷、拥包、车辙、桥头跳车
机动车道	□完整 □未设		
机非隔离带	□完整 □未设		破损、缺失、露筋、锈蚀
中央分隔带	□完整 □未设		破损、缺失、露筋、锈蚀
伸缩缝	□完整 □未设		阻塞、破损、松动、翘曲、碎边
泄水孔	□畅通 □未设		阻塞、破损、松动、锈蚀、渗水、脱落
扶梯	□完整		破损、缺失、锈蚀、掉漆
桥上路灯	□完整 □未设		破损、缺失、倾斜、悬挂物
附挂管线	□安全 □未设	□隐患	松动、脱落、支架锈蚀
桥上广告牌	□安全 □未设	□隐患	破损、缺失、倾斜、悬挂物

检查项目	状况	病害说明及损坏程度	备注
桥上绿化	□完整		成活、枯死、病害
上部结构变异	□有 □无	变异部位： 变异说明：	变色、砼剥落、露筋、锈蚀、裂缝、松动、下挠、渗水、异常振动
下部结构变异	□有 □无	变异部位： 变异说明：	砼剥落、露筋、锈蚀、裂缝、松动、塌陷、倾斜、渗水、位移、变形、冲刷
桥区施工	□有 □无	○有违章 ○无违章	桥位、跨河桥上下游200m范围内
其他危及行车、行船、行人安全的病害		□有□无	占用、超限车通行、悬挂物、集贸市场、涂污等
注："常规桥梁"指除拱桥、悬索桥、斜拉桥等的桥梁总称，□、○内打"√"或打"×"并描述病害。			

　巡查人：

表 A.4 城市桥梁(异型)日常巡检报表

桥梁名称：　　　巡查日期：　　年　月　日　星期　天气

检查项目	状况	病害说明及损坏程度	备注
桥名牌	□完整 □未设		涂污、破损
限高标志	□完整 □未设		人行天桥、跨线桥、立交桥、车行通道、通航桥梁
限载牌	□完整 □未设		立交桥、跨河桥等
交通标志、标线	□完整 □未设		损坏、缺失、不清、锈蚀
栏杆	□完整 □未设		污秽、破损、缺失、松动、错位、掉漆、露筋、锈蚀
端柱	□完整 □未设		
人行道	□完整 □未设		平整性、裂缝、坑槽、塌陷、拥包、车辙、桥头跳车
机动车道	□完整 □未设		
机非隔离带	□完整 □未设		破损、缺失、露筋、锈蚀
中央分隔带	□完整 □未设		破损、缺失、露筋、锈蚀
伸缩缝	□完整 □未设		阻塞、破损、松动、翘曲、碎边
泄水孔	□畅通 □未设		阻塞、破损、松动、锈蚀、渗水、脱落
扶梯	□完整		破损、缺失、锈蚀、掉漆
桥上路灯	□完整 □未设		破损、缺失、倾斜、悬挂物
附挂管线	□安全 □未设	□隐患	松动、脱落、支架锈蚀

检查项目	状况	病害说明及损坏程度	备注
桥上广告牌	□安全 □未设	□隐患	破损、缺失、倾斜、悬挂物
桥上绿化	□完整		成活、枯死、病害
桥塔	□有变异 □无变异	变异部位： 变异说明：	涂装脱落、砼剥落、露筋、锈蚀、塔身裂缝
主梁	□有变异 □无变异	变异部位： 变异说明：	砼剥落、露筋、锈蚀、裂缝、松动、下挠、渗水、异常振动
斜拉索	□有变异 □无变异	变异部位： 变异说明：	护套损伤、锈蚀、断丝、裂缝、锚固区渗水、索力偏差、异常振动
主缆	□有变异 □无变异	变异部位： 变异说明：	防护层损坏、索夹处及下部渗水、锈蚀、断丝、裂缝、主缆与索鞍相对滑动、螺杆松动
吊索	□有变异 □无变异	变异部位： 变异说明：	索夹松动、滑移、锈蚀、断丝、裂缝、索力超标、异常振动
吊杆			
系杆			
拱肋			
锚碇	□有变异 □无变异	变异部位： 变异说明：	锚固区、索鞍区、墩底裂缝、锚碇网状、结构裂缝；砼剥落、钢筋锈蚀、倾斜、移位，连接件损伤
支座	□有变异 □无变异	变异部位： 变异说明：	脱空、老化、开裂、变形过大、移位、偏压
阻尼器	□有变异 □无变异	变异部位： 变异说明：	油漆脱落、结构裂缝、螺栓松动、漏油

检查项目	状况	病害说明及损坏程度	备注
桥墩与基础	□有变异 □无变异	变异部位： 变异说明：	砼剥落、露筋、锈蚀、裂缝、松动、塌陷、倾斜、渗水、位移、变形、冲刷
桥区施工	□有 □无	○有违章 ○无违章	桥位、跨河桥上下游200m范围内
其他危及行车、行船、行人安全的病害	□有 □无		占用、超限车通行、悬挂物、集贸市场、涂污等

注："异型桥梁"指拱桥、悬索桥、斜拉桥等的桥梁总称。□、○内打"√"，或打"×"并描述病害。

巡查人：

附 录 B

（规范性附录）

常规定期检测表单

表 B.1～表 B.3 给出了常规定期检测的相关表单。

表 B.1 城市桥梁经常性检查内容和方式

检查部位	检查内容	检查方式
桥面铺装	a)桥面铺装是否平整,桥头有无跳车; b)沥青混凝土桥面有无龟裂、块状裂缝、坑槽、松散、沉陷、拥包、车辙、泛油等病害; c)水泥混凝土桥面有无裂缝、断裂、碎裂、坑洞、露骨、嵌缝料损坏、起皮脱落、啃边、空鼓、磨光等病害。	目测
桥头搭板	桥头搭板处有无明显下沉、裂缝、坑洞、松散等。	目测
伸缩装置	a)伸缩缝是否有杂物嵌入、阻塞卡死;钢构件有无锈蚀、断裂;保护带是否破损;橡胶件有无开裂、脱落、老化;联结部件有无松动、脱落、缺失或局部损伤等病害; b)每季度宜对伸缩装置的水平错位、竖向升降进行观测; c)在每年气温最高、最低时,应及时测量伸缩装置的间隙是否符合设计要求。	目测 手摇
排水设施	a)桥面排水设施是否良好; b)桥面泄水孔是否堵塞、破损,雨水篦子是否缺损、格栅有无缺失; c)泄水管有无缺失;限水板、集水槽等设施是否缺损、渗漏;截水构造是否完好等。	目测
栏杆和护栏	a)栏杆、护栏、扶手等有无断裂、撞坏、松动、错位、破损、缺失、剥落、露筋、锈蚀等病害; b)防撞墙、挂板有无破损、缺失、露筋、锈蚀等病害。	目测 手摇

检查部位	检查内容	检查方式
人行道	人行道铺装、路缘石、平石是否缺失,有无破损、露筋、锈蚀等病害。	目测
支座	观察目视可及的支座有无脱空、异常变形、锈蚀、开裂,支座垫石破损,支座下垫石毛毡、钢垫板错位,支座偏位,垫石模板未脱,支座处杂物堆积,支座螺母松动,支座约束未解除,防尘罩缺失等病害(支座的经常性检查可3~6月1次)。	目测
上部结构	a)外观是否整洁,有无杂物; b)拱桥、梁桥等上部混凝土结构表面有无明显裂缝,有无蜂窝、麻面、剥落、露筋、空洞、渗水、漏水,涂装层是否完好,有无损坏、老化变色、开裂、起皮、剥落、锈迹等病害; c)钢构件表面的涂装层是否完好,有无脱落、粉化、起泡、锈蚀、裂纹;钢构件有无锈蚀、变形,焊缝有无开裂、脱焊等病害。	目测 钢尺量 小锤敲击
下部结构	a)外观有无雨水侵蚀、杂物堆积、杂草蔓生现象; b)锥坡、护坡、翼墙、耳墙有无开裂、破损、塌陷、滑移、异常变形等病害; c)墩台是否受车辆、漂浮物撞击而受损;墩台目视可及部位有无露筋、裂缝、剥落、空洞、锈蚀、渗水、腐蚀等病害; d)基础是否受到冲刷损坏、外露、悬空、下沉,有无腐蚀等。	目测 钢尺量 小锤敲击
附属设施	a)隔音屏、防眩屏、防撞墩有无破损、缺失等病害; b)桥梁铭牌,限载、限高标志及限高门架,通航设施等安全防护设施是否完好。	目测
桥梁抗震设施	a)混凝土抗震设施有无裂缝、混凝土剥落及混凝土破碎等; b)抗震缓冲材料是否变形、损坏、腐蚀、老化等; c)抗震紧固件、联结件是否松动或残缺;桥梁横、纵向联结和限位的拉锁是否完好; d)抗震锚栓、锚杆、螺栓是否松动、崩落等。	目测

检查部位	检查内容	检查方式
其他检查内容	a)观察桥梁结构有无异常变形、异常竖向振动、横向摆动等情况，检查各部件的技术状况，查找异常原因； b)检查在桥区内的施工作业情况和城市桥梁管理条例中规定的各类违章是否存在； c)检查有无私设指路、指向标志或广告牌、私搭缆线等违规占用情况； d)检查暗挖、顶管、盾构等非开挖施工对桥梁的影响情况； e)检查桥下有无盖房、搭棚、拾荒、取暖、留宿等情况； f)检查其他较明显损坏及不正常现象。	目测

注：每次检查时，以重要构件有无缺失、有无结构异常变化、结构或构件病害有无明显变化等影响结构安全和使用性能的状况为重点。

表 B.2　桥梁上部结构重点检查部位

结构形式	重点部位(加○处)		备注
简支梁		横断面	①跨中处 ②1/4 跨径处 ③支座处
连续梁 悬臂梁			①跨中处 ②反弯点 （约 1/3 跨径处） ③最大负弯矩处 ④支座处
刚构			①跨中处 ②角隅处 ③腿部
悬索桥			①索塔 ②主钢缆 ③吊杆 ④锚碇 ⑤主梁
斜拉桥			①塔柱 ②主梁 ③斜拉索 ④上锚头 ⑤下锚头
上承式拱桥			①主拱圈 ②小拱 ③立柱 ④拱脚
中承式拱桥			①主拱圈 ②吊杆上锚头 ③吊杆下锚头 ④拱脚
下承式拱桥			①主拱圈 ②吊杆上锚头 ③吊杆下锚头 ④拱脚

表 B.3 桥墩重点检查部位

结构形式	重点部位(加〇处)	备注
单独桥墩		①支座底部
T 形桥墩		①支座底部 ②悬臂根部
II 形桥墩		①支座底部 ②悬臂根部
Y 形桥墩		①支座底部 ②混凝土接缝处 ③Y 形交接处
双柱式桥墩		①支座底部 ②盖梁底跨中心 ③悬臂根部 ④墩柱表面

附 录 C
（规范性附录）
城市桥梁基本信息

表 C.1～表 C.4 给出了记录城市桥梁基本信息的相关表单。

表 C.1 城市桥梁基本信息

桥梁卡号

桥梁名称：　　　　所在路径：　　　　跨（　），（　）等级

一般资料	养护单位		上部结构	主梁型式		桥墩	型式	
	建设单位			主梁尺寸（宽×高×长）			标高	
	设计单位			主梁数量			盖梁尺寸	
	监理单位			横梁型式			基底标高	
	施工单位			支座型式/数量		下部结构	底板尺寸	
	建造年月			桥面结构			基桩尺寸/根数	
	结构类型			伸缩缝型式		桥台	型式	
	设计荷载			伸缩缝数量			标高	
	抗震烈度			桥面设计标高			基底标高	
	正斜交角			梁底设计标高			台帽尺寸	
	桥梁跨数			主桥纵坡			底板尺寸	
	跨径组合			主桥横坡			基桩尺寸/根数	
	桥面面积			引桥纵坡			挡土板厚度	
	桥梁总长			拱桥矢跨比			翼墙型式	
	桥梁总宽			总造价			翼墙长度	
	车行道净宽		附属工程	栏杆总长		附挂管线	给水管	
	人行道净宽			栏杆结构			燃气管	
	道路等级			端柱尺寸			电力缆	
	设计河床标高			护岸类型			通讯电缆	
	最高水位			引坡挡墙			类型	

审定：　　　　复核：　　　　制表：　　　　建卡日期：

93

填表说明:

1. 桥梁编号:宜以所在道路名称拼音第一个声母加顺序号组成,顺序号宜自东往西、自南往北从 1 开始连续编号,此后因道路续建新增的桥梁编号参照执行。

2. 跨越:桥梁跨越的道路、江、河、湖、海、沟、渠、山谷、建筑物等。

3. 桥梁分类:按其多孔跨径总长或单孔跨径的长度,分为特大桥、大桥、中桥、小桥等四类。

4. 城市道路分类:快速路、主干路(Ⅰ~Ⅲ)、次干路(Ⅰ~Ⅲ)、支路(Ⅰ~Ⅲ)等四类。

5. 桥宽横断面组合:按起始方位及路幅划分(简称)后带宽度数值表示。例:东人 3+慢 5+边分 2+车 11+中分 3+11+2+5+3,表示对称的路幅横断面组合从东面计起人行道 3m+慢车道(非机动车道)5m+边分隔带(绿化带)2m+机动车道 11m+中分隔带(绿化带)3m+机动车道 11m+边分隔带(绿化带)2m+慢车道(非机动车道)5m+人行道 3m,非对称的路幅横断面组合应注明各路幅划分单元简称。

6. 桥梁结构类型:上承式、中承式、下承式,梁式桥(空心板、实体板、T 型、箱型)、拱式桥(圬工、砼、双曲)、刚架桥、悬索桥(吊桥)、斜拉桥、其他组合体系桥(钢管拱、钢-砼组合梁桥)等。

7. 主梁型式:简支、连续、刚构,(先张、后张)预应力、普通钢筋,圬工、砼、钢结构,实体板、空心板、T 梁、箱梁、钢箱梁、钢管砼等。

8. 桥面结构:砼桥面、沥青砼桥面等。

9. 伸缩缝型式:锌铁皮、橡胶(板式、组合式)、填充无缝式、钢板式、异型钢单缝式、异型钢模数式、钢梳齿板式。

10. 支座型式:无支座、油毛毡支座、板式橡胶支座、盆式橡胶支座、抗震盆式橡胶支座、钢筋砼摆式支座、弧形支座、铰轴支座、滚轴支座、辊轴支座、摆轴支座等。

11. 栏杆型式：砖、石、素砼、钢筋砼、钢管（无缝、焊接、不锈）、塑钢等。

12. 墩柱型式：单肢、双肢、多肢，圆柱、方柱、Y型等。

13. 基础型式：砼（片石砼）扩大基础、圬工基础、灌注桩基础、群桩基础、沉井等。

14. 桥台型式：圬工、砼，重力式、薄壁式、肋台式、桩柱式等。

15. 附挂管线：给水管、燃气管、电力缆、通讯电缆等。

16. 养护类别：Ⅰ类养护、Ⅱ类养护、Ⅲ类养护、Ⅳ类养护、Ⅴ类养护。

17. 养护等级：Ⅰ等、Ⅱ等、Ⅲ等。

表 C.2　结构简图

审定：　　　　　复核：　　　　　制表：　　　　　建卡日期：

表 C.3　附照

审定：　　　　　复核：　　　　　制表：　　　　　建卡日期：

表 C.4 检查维修记录卡

维修日期	维修内容	维修单位	质量状况

审定:　　　　　复核:　　　　　制表:　　　　　建卡日期:

附　录　D
（资料性附录）
常规定期检测内容及方式

表 D.1～表 D.3 给出了常规定期检测的相关表单。

表 D.1　桥面系常规定期检测内容及方式

检查部位	检查内容	检查方式
桥面铺装	a)桥面铺装的保养、小修状况； b)桥面横坡、纵坡顺适度，积水状况；铺装是否平整，桥头有无跳车； c)沥青混凝土桥面有无龟裂、块状裂缝、坑槽、松散、沉陷、拥包、车辙、泛油等病害； d)水泥混凝土桥面有无裂缝、断裂、碎裂、坑洞、露骨、嵌缝料损坏、起皮脱落、啃边、空鼓、磨光等病害； e)桥面铺装防水层漏水以及其他病害。	a)目测观察表面的病害情况； b)量测表面病害面积、裂缝长度。
桥头搭板	桥头搭板有无明显下沉、坑洞、裂缝、松散等。	a)目测观察表面的病害情况； b)量测表面病害面积、搭板下沉深度。
伸缩装置	a)伸缩装置的保养、小修状况，变形、漏水程度，跳车原因等； b)伸缩缝是否有杂物嵌入、阻塞卡死；钢构件有无锈蚀、断裂；保护带是否破损；橡胶件有无开裂、脱落、老化；联结部件有无松动、脱落、缺失或局部损伤等病害。	a)目测观察表面的病害情况； b)量测伸缩缝的宽度与高差； c)检查止水带漏水情况； d)定期测量应参考厂家提供的养护手册执行。

检查部位	检查内容	检查方式
排水设施	a)排水设施的保养小修状况； b)桥面排水设施是否良好；桥面泄水孔是否堵塞、破损，雨水篦子是否缺损、格栅有无缺失；泄水管有无缺失、堵塞；限水板、集水槽等设施是否缺损、渗漏、堵塞；截水构造是否完好等。	a)目测观察排水设施的缺损及桥面泄水孔堵塞情况； b)泄水管堵塞检查可采用灌水方法。
栏杆和护栏	a)栏杆、护栏、扶手等保养小修状况；有无断裂、撞坏、松动、错位、破损、缺失、剥落、露筋、锈蚀等病害； b)防撞墙、挂板有无破损、缺失、露筋、锈蚀等病害。	a)目测观察表面的病害情况； b)用手摇动检查其松动情况； c)量测表面病害面积。
人行道	人行道铺装、路缘石、平石是否缺失，有无破损、露筋、锈蚀等病害。	a)目测观察表面的病害情况； b)量测表面病害面积。
其他附属设施	a)桥上交通信号、标志、标线、照明设施是否损坏、老化、失效，是否需要更换； b)桥上避雷装置是否完善、良好；桥上航空灯、航道灯是否完好，能否保证正常照明，结构物内供养护检修的照明系统是否完好； c)桥上的路用通信、供电线路及设备是否完好。	a)目测观察表面的病害情况； b)定期测量应参考厂家提供的养护手册执行。

表 D.2 上部结构常规定期检测内容及方式

桥梁类型	检查内容	检查方式

钢筋混凝土及预应力混凝土梁(板)桥	a)梁体的保养、小修情况,梁体表面是否清洁,有无积土、杂物,有无雨水渗漏的痕迹;
	b)混凝土有无大于0.2mm的裂缝、渗水、表面风化、剥落、露筋和钢筋锈蚀、龟裂现象;重点检查跨中、支座附近、1/4截面、变截面处的混凝土开裂和钢筋锈蚀等缺损状况以及跨中挠度是否过大;
	c)梁端头、底面是否损坏,箱梁内是否有积水;
	d)预应力钢束锚固区段混凝土有无开裂、破损,沿预应力筋的混凝土表面有无纵向裂缝或水侵害;
	e)横向联结部位的缺损状况:
	  1)梁与梁之间的接头处以及纵向接缝处混凝土表面有无裂缝;
	  2)梁(板)接缝混凝土有无开裂和钢筋锈蚀;
	  3)横向联结构件有无开裂,连接钢板的焊缝有无锈蚀、断裂,边梁有无横移或向外倾斜;
	  4)预应力拼装结构拼装缝有无较大开裂和碱蚀;
	f)梁(板)式结构跨中、支点、变截面处、悬臂端头牛腿或中间铰部位,刚构和桁架结构固结处和桁架节点部位,主要检查混凝土是否开裂、缺损和出现钢筋锈蚀;
	g)刚构桥梁主要检查各部位产生的裂缝,如跨中处、角隅处、支座处;
	h)连续梁和连续刚构桥主要检查跨中变形,桥墩处梁顶部开裂;
	i)箱梁裂缝主要检查各中间支座及其附近区段的顶板和中性轴以上的腹板,各跨跨中及其附近区段的底板和中性轴以下的腹板;
	j)处于平曲线的梁式桥应每年对横向偏移进行检测。
		a)目测观察表面的清洁状况及风化、剥落、露筋、锈蚀等病害情况;
		b)量测表面病害面积;
		c)用裂缝深度仪、裂缝宽度仪测量裂缝的深度及宽度,并记录裂缝的起终点位置、长度、宽度、走向等信息;
		d)在病害部位用酚酞试液,观察是否变红检查碱蚀情况,变红说明有碱蚀;
		e)用水准仪量测挠度是否过大。
		f)用经纬仪检查桥梁的横向偏移情况。

桥梁类型	检查内容	检查方式
钢桥	a)钢梁上部结构的小修、保养状况,清洁状况,有无杂物堆积、雨水侵蚀现象; b)构件(特别是受压构件)是否扭曲变形、局部损伤; c)铆钉和螺栓有无松动、脱落、锈蚀或断裂,节点是否滑动错裂; d)焊缝及边缘(热影响区)有无脱焊或裂纹; e)防腐涂装层有无裂纹、起皮、脱落,构件是否腐蚀; f)钢结构表面是否有污垢、灰尘堆积和污水滴漏; g)钢结构桥梁的除湿设备运转是否正常。	a)目测观察表面的清洁状况及涂装层裂纹、起皮脱落,钢构件脱焊、裂纹、锈蚀、变形等病害情况; b)量测表面病害面积; c)用手摇动铆钉和螺栓检查是否松动。
钢-混凝土组合梁桥	a)钢-混凝组合梁桥检查的相关内容及检查方式与钢筋混凝土及预应力钢筋混凝土梁(板)桥、钢桥的要求相同; b)桥面板纵、横向裂缝的位置、宽度、长度及发展程度,必要时应拆除部分铺装层观测; c)桥面板及支座附近的渗漏水情况; d)钢梁跨中区桥面板的破损; e)钢梁与混凝土组合桥面板之间的剪力连接件是否有破损、纵向滑移及翘起,桥面混凝土铺装层是否有鼓起、破损等现象。	同上

桥梁类型	检查内容	检查方式
拱桥	a)拱桥的小修保养状况,上部结构有无杂物堆积、雨水侵蚀等; b)拱桥主要检查主拱圈的拱脚、1/4跨径、拱顶和拱上结构的变形,混凝土开裂与钢筋锈蚀情况,以及有无缺损; c)主拱圈的拱板、拱箱或拱肋是否开裂;钢筋混凝土拱有无露筋、钢筋锈蚀;圬工拱桥砌块有无压碎、局部掉块,砌缝有无脱离或脱落、渗水,表面有无苔藓、草木滋生,拱铰工作是否正常;腹拱的小拱有无较大的变形、开裂、错位,立墙或立柱有无倾斜、开裂; d)拱上立柱(或立墙)上下端、盖梁和横系梁以及腹拱的混凝土有无开裂、剥落、露筋和锈蚀; e)拱的侧墙与主拱圈间有无脱落,侧墙有无鼓凸、变形、开裂,实腹拱拱上填料有无沉陷;肋拱桥的肋间横向联结是否开裂、表面剥落、露筋、锈蚀等; f)系杆拱的系杆是否开裂,无混凝土包裹的系杆是否有锈蚀; g)钢结构与混凝土节点连接部位,要检查是否开裂、变形、渗水、锈蚀,并通过监控预埋件检查受力状况是否正常; h)钢管混凝土拱与拱座处裂缝、开裂情况; i)钢管混凝土拱桥裸露部分的钢管及构件检查应符合钢桥相关要求,同时还应检查管内混凝土是否填充密实。	a)钢筋混凝土表面病害及裂缝的检查同钢筋混凝土及预应力混凝土梁(板)桥; b)立墙、立柱的倾斜,侧墙鼓凸、变形应通过目测辅以铅垂仪检查。

桥梁类型	检查内容	检查方式
悬索桥和斜拉桥	a）检查索塔及桥塔高程、塔柱倾斜度、桥面高程及梁体纵向位移,注意是否有异常变位; b）检测索体振动频率、索力有无异常变化,索体振动频率观测应在多种典型气候下进行。每观测周期不超过 3 年; c）主梁或加劲梁的检查,按预应力混凝土及钢结构的相应要求进行; d）悬索桥的锚碇及锚杆有无异常的移动,锚头、散索鞍有无锈蚀破损,锚碇内锚箱是否渗油,锚室（锚洞）有无开裂、变形、积水、温度、湿度是否符合要求,除湿机运行是否安全、正常; e）主缆、吊杆及斜拉索的表面封闭、防护是否完好,有无破损、老化; f）悬索桥的索鞍是否有异常的错位、卡死、辊轴歪斜,构件是否有锈蚀、破损,主缆索跨过索鞍部分是否有挤扁现象; g）悬索桥吊杆上端与主缆索的索夹是否有松动、移位和破损,下端与梁连接的螺栓有无松动; h）逐束检测索体是否开裂、鼓胀及变形,必要时可剥开护套检查索内干湿情况和钢索的锈蚀情况。检查后应做好保护套剥开处的防护处理; i）逐个检查锚具及周围混凝土的情况,锚具是否渗水、锈蚀,是否有锈水流出的痕迹,周围混凝土是否开裂。必要时可打开锚具后盖抽查锚杯内是否积水、潮湿,防锈油是否结块、乳化失效,锚杯是否锈蚀; j）逐个检查索端出索处钢护筒、钢管与索套管连接处的外观情况。检查钢护筒是否松动脱落、锈蚀、渗水,抽查连接处钢护筒内防水垫圈是否老化失效,筒内是否潮湿积水; k）应检查斜拉索及阻尼垫圈减振器的防水情况和橡胶老化变质情况,必要时可更换; l）索塔及桥塔的爬梯、检查门、工作电梯是否可靠安全,塔内的照明系统是否完好。	a）目测观察表面情况; b）用手摇动铆钉和螺栓,检查是否松动; c）定期测量应参考厂家提供的养护手册执行。

表 D.3 桥梁下部结构(墩台与基础)常规定期检测内容及方式

序号	检查内容	检查方式
1	墩台顶面是否清洁,有无积水、泥土、杂物堆积、滋生草木及雨水侵蚀等。	a)钢筋混凝土表面病害及裂缝的检查同钢筋混凝土及预应力混凝土梁(板)桥; b)用铅垂仪测量是否倾斜; c)用经纬仪和水准仪测量墩台顶部和底部四角的高差和相对高程,判断是否滑动、下沉; d)目测观察台背以上路面,判断台背填土有无沉降裂缝或挤压隆起。
2	墩台与基础有无滑动、倾斜、下沉。	
3	独柱墩有无倾斜,墩台及帽梁有无脱开。	
4	台背填土有无沉降、裂缝或挤压隆起。	
5	混凝土墩台及帽梁有无冻胀、风化、腐蚀、开裂、剥落、露筋等,空心墩的水下通水孔是否堵塞。	
6	石砌墩台有无砌块断裂、脱开、变形,砌体泄水孔是否堵塞,防水层是否破坏。	
7	横系梁连接处是否开裂、破损。	
8	墩台防震设施是否有效;锥坡有无冲蚀、塌陷。	
9	基础下是否发生不许可的冲刷或掏空现象,扩大基础的地基有无侵蚀;桩柱在水位涨落、干湿交替变化处有无磨损、露筋、环裂和腐蚀。	

附 录 E

（资料性附录）

常见病害原因及维修对策

表 E.1～表 E.2 给出了伸缩缝装置、栏杆和护栏的常见病害原因及维修对策。

表 E.1　伸缩缝装置常见病害原因及维修对策

装置类型	病害类型	病害原因	维修对策	对策说明
模数式伸缩装置	排水不良	止水带堵塞或损坏	疏通、更换	a)因止水带堵塞造成排水不良，应及时清除垃圾和杂物； b)密封橡胶带（止水带）老化、漏水，应及时更换；密封橡胶带的选择，应满足原设计的规格和性能要求； c)当伸缩装置出现型钢变形、断裂或异常伸缩时，应及时更换。
模数式伸缩装置	型钢变形或断裂	重载车辆碾压；温度变形；施工不良等	更换	
异型钢伸缩装置	排水不良	止水带堵塞或损坏	疏通、更换	同模数式伸缩装置。
异型钢伸缩装置	型钢变形	车辆碾压、震动	更换	

装置类型	病害类型	病害原因	维修对策	对策说明
梳齿钢板伸缩装置	钢板开焊、翘曲、脱落	车辆碾压、冲击；焊缝老化、开裂等	补焊，更换钢板	a)当钢板开焊、翘曲和脱落时应及时发现并补焊、更换； b)及时发现并修复角钢与钢筋混凝土锚固不牢的部位； c)钢板伸缩装置或梳齿钢板伸缩装置的钢板变形，螺栓脱落，伸缩不能正常进行时，应及时更换。
	锚固不牢	锚固构件损坏；角钢与钢筋混凝土梁锚固不牢等	锚固加固，更换	
	锚固螺栓松动、缺失	车辆碾压振动；环境腐蚀等	拧紧，更换，补装	
橡胶板式伸缩装置	锚固螺栓松动、缺失	车辆碾压振动；环境腐蚀	拧紧，更换，补齐	a)锚固螺栓松动应及时拧紧； b)螺栓孔填充料拉离或破损严重，应补齐； c)锚固螺栓、橡胶板丢失应及时补齐，弹簧（止退）垫不得省略。严重破损的橡胶板，应及时按同型号进行更换； d)伸缩装置局部的下陷或凸出而产生的噪声，应查明原因及时维修。
	橡胶板剥落、破损、丢失、开裂	橡胶老化；车辆碾压；环境腐蚀等	更换、补齐橡胶板，更换伸缩装置	
	螺栓孔填充料拉离、破损	填充料老化；车辆碾压等	清孔，更换或补齐填充料	

装置类型	病害类型	病害原因	维修对策	对策说明
共同缺陷	异常伸缩	设计不当;施工不良;伸缩装置老化、失效	更换	伸缩装置出现明显异常伸缩,均应整体更换伸缩装置。
	混凝土保护带开裂、坑洞、剥落等	车辆碾压、施工不良、温度缩胀、自然侵蚀等	局部修补,重新浇筑	伸缩装置保护带应完好,不得有开裂、松散,坑洞的面积不得大于 0.1m² ,深度不得大于 20mm。已松散和有坑洞的保护带,应及时修复。
	错台(跳车)	结构变形;施工不良等	更换,专项维修	a)由于伸缩装置破损严重出现的跳车应整体更换伸缩装置; b)由地基不均匀沉降等桥梁结构原因产生的跳车应进行专项维修。

表 E.2 栏杆和护栏常见病害原因及维修对策

设施名称	病害类型	病害原因	维修对策
钢-混凝土栏杆	蜂窝、麻面、松散、开裂、剥落、露筋	施工不良;混凝土碳化;钢筋锈胀;老化、风化;盐类腐蚀;碰擦、撞击等	表面修补
	立柱、扶手松动	撞击;施工不良等	维修或更换
	破损	撞击;钢筋锈胀;盐类腐蚀、风化;成品质量不符合要求等	修补、更换、表面防护
不锈钢栏杆 塑钢栏杆	倒伏	车辆撞击、因基座不稳被外力推倒等	扶正加固 拆下校正修理
	移位、变形	碰擦、撞击等	维修复位
	残缺	撞击、偷盗等	维修更换
	变色、起皮	老化;日晒、雨淋、盐类侵蚀等	重新油饰
	锈蚀、剥落	涂装质量不良;自然环境侵蚀;碰擦、撞击等	除锈油饰、更换
	焊缝开裂	撞击;温度影响而产生胀缩;构件疲劳等	重新焊接、更换
	螺栓松动或缺损	撞击;丢失;施工不良等	紧固、更换、补装螺栓
	立柱、扶手松动	撞击;施工不良等	重新焊接、更换
	立柱根部锈蚀	严重腐蚀	加固、更换

设施名称	病害类型	病害原因	维修对策
精铸石材栏杆	石材断裂、松动、脱落、缺失	砂浆强度不足、填缝不饱满、渗（雨）水侵蚀、粘接砂浆失效、外物撞击等	表面修补 更换石材 重新勾缝
	填缝砂浆脱落	砂浆强度不足；雨水侵蚀；温差变化；施工质量欠佳等	重新填缝
木扶手	破损	撞击；日晒，雨淋，盐类侵蚀；人为破坏等	修补、更换、表面防护
	碎裂、断裂	严重撞击；人为破坏等	更换
	涂装层起皮、剥落	雨水侵蚀；碰擦、撞击；老化等	重新涂装
防撞墙、挂板	蜂窝、麻面、松散、开裂、剥落、露筋	施工不良；混凝土碳化；钢筋锈胀；老化风化；盐类腐蚀；碰擦、撞击等	表面修补
	缺损	撞击、丢失等	更换、补齐

附 录 F

（资料性附录）

结构缝病害维修对策

表 F.1～表 F.5 给出了结构缝病害维修对策。

表 F.1 简支梁裂缝类型及维修对策

病害类型	主要特征和原因	维修对策	对策说明
网状裂缝	a)发生在各种跨度的梁上，裂缝细小，宽度约为 0.03mm～0.05mm，用手触及有凸起的感觉，无固定规律； b)多为混凝土收缩引起的表面龟裂。	表面封闭表面修补	a)对表面温度裂缝，可封闭处理； b)对结构裂缝，当裂缝宽度大于表 9 规定的允许最大裂缝宽度时，应查明开裂原因，进行裂缝危害评估，确定处理措施； c)表面封闭法适用于宽度＜0.2mm 的裂缝处理； d)压力灌浆法适用于较深、宽度不＜0.2mm 的裂缝处理。
下缘受拉区裂缝	a)多发生于梁跨中部，梁跨度越大，裂缝越多，为受力裂缝； b)自下翼缘向上发展，至翼缘与梁肋相接止； c)裂缝间距约 0.1m～0.2m，宽度约为 0.03mm～0.1mm； d)当梁跨径＜10m 时，其裂缝较细小； e)车辆超载；梁刚度不足，产生过大挠度等引起。	表面封闭压力灌浆加固	
腹板上的竖向裂缝	a)当跨径＞12m 时，其裂缝多处于薄腹部分，在梁的半高线附近裂缝宽度较大，一般在 0.15mm～0.3mm； b)当梁跨径＜10m 时，其裂缝较细小，且多数裂缝系由梁肋向上延伸，越上越细，上端未到腹板顶部； c)设计不当；施工质量不良；温度及周围环境条件不良的影响所致。	表面封闭压力灌浆加固	

病害类型	主要特征和原因	维修对策	对策说明
腹板上的斜向裂缝	a)钢筋混凝土梁中出现最多的一种裂缝,且多在跨中两侧,离跨中越远倾斜角越大,反之较小,倾角约在15°～45°之间,第一道裂缝多出现在距支座0.5m～1.0m处; b) 裂缝宽度一般在 0.3mm以下; c)设计不当,施工不良;主拉应力过大,混凝土不能负担而导致产生裂缝。	表面封闭 压力灌浆 加固	同上
梁侧水平裂缝	a)为近似水平方向的层裂缝; b)施工不当引起,分层浇筑,间隔时间太长。	表面封闭 压力灌浆 加固	
梁底纵向裂缝	a)沿下翼缘主筋方向的裂缝; b)混凝土保护层过薄或掺入氯盐等速凝剂所造成。	表面封闭 压力灌浆	

表 F.2　预应力混凝土简支梁、悬臂梁与连续梁裂缝及维修对策

病害类型	主要特征和原因	维修对策	对策说明
 先张法梁端锚固处裂缝	a)裂缝均起始于张拉端面,宽度约0.1mm,长度一般只延伸至扩大部分的变截面处; b)由于在两组张拉钢筋之间,梁端混凝土处于受压区,使梁端易发生水平裂缝; c)因锚头处应力集中和锚头产生的楔形作用而使锚头附近产生细小水平裂缝。	表面封闭压力灌浆加固	a)对表面温度裂缝可封闭处理; b)预应力混凝土构件受压区,一旦发现裂缝,应立即封闭交通,严禁车辆和行人在桥上、下通行,并委托相应资质的检测部门进行结构可靠性评估,判别裂缝的危害程度,并提出相应的处理措施; c)预应力混凝土构件受拉区,出现结构性裂缝,应进行裂缝危害性评估,确定处理措施。
 后张法锚固处裂缝	a)通常发生在梁端或预应力筋锚固处,裂缝比较短小,与钢丝束方向垂直,在锚固处与梁纵轴呈30°~45°; b)运营初期有所发展,但不严重,以后会趋于稳定; c)主要由端部应力集中,混凝土质量不良所致。	表面封闭压力灌浆加固	
 腹板收缩裂缝	a)大多在脱模后2h~3h内发生,裂缝通常从上梁肋到下梁肋,整个腹板裂通,宽度一般为0.2mm~0.4mm,施加预应力后大多会闭合; b)多为混凝土收缩和温度所致。	表面封闭压力灌浆评估加固	
 箱梁底板裂缝	箱梁底板上发生不规则裂缝,由于腹部与底板受力不均所致。	表面封闭压力灌浆加固	

病害类型	主要特征和原因	维修对策	对策说明
 悬臂梁剪切裂缝	a)剪切裂缝出现在腹板上,近似45°角倾斜,一般出现在支点与反弯点之间的区域; b)裂缝的主要原因:预应力不足、超载的永久荷载、二次应力、温度作用等。	表面封闭 压力灌浆 加固	同上 (应特别注意负弯矩区中部竖向较长裂缝)
 悬臂箱梁锚固后接缝中裂缝	a)悬臂箱梁在连续力筋锚固齿板后面的底板内会产生裂缝,并有可能向着腹板扩展,裂缝与梁纵轴呈30°~45°角; b)产生这种裂缝的原因:由于预应力筋作用面很小,产生局部应力,或者由于顶底板中力筋锚具之间的水平方向错开的距离太小。	表面封闭 压力灌浆 加固	
 箱梁弯曲裂缝	a)混凝土抗拉能力不足,导致裂缝的产生。在分段式箱梁中,一般出现在接缝内或接缝附近,梁底裂缝可达0.1mm~0.2mm; b)弯曲裂缝一般很小,结构不受损伤,但在外荷载反复作用(汽车动力荷载及温度梯度)下裂缝有可能会扩大。	表面封闭 灌浆 加固	
 连续梁弯曲裂缝	a)在连续梁中,在正弯矩区的梁底部和在负弯矩区的顶部可能发现这种裂缝; b)弯曲裂缝主要原因:混凝土抗拉能力不足、车辆超载、梁体刚度不足等。	表面封闭 压力灌浆 加固	

表 F.3 钢筋混凝土及预应力混凝土梁桥其他病害及维修对策

病害类型	病害原因	维修对策	对策说明
裂缝处渗水	荷载过大、裂缝发展严重	检测评估后维修或加固	—
混凝土表面蜂窝、麻面、松散、起皮	风化、雨雪腐蚀；混凝土质量不佳；施工不良等	表面修补	与混凝土表面修补工艺相同
混凝土表面空洞、剥落、露筋、开裂	钢筋锈蚀；车辆撞击；保护层太薄；碳化深度大；风化、雨雪腐蚀等		
锚固端封端混凝土裂缝、剥落、渗漏、穿孔、预应力锚具暴露	混凝土老化；外力碰擦、撞击；局部应力集中等	对预应力锚具刷防锈漆、重做封端混凝土	—
预应力钢束锈蚀、断裂	施工不良、封锚质量不佳；钢束质量不良；荷载过大、承载能力不足等	检测评估后维修或加固	—
构件明显损伤、变形、移位	车辆超载、荷载过大；过大徐变、收缩；地震、火灾等	依据特殊检测评估做设计，进行修复或加固	钢筋混凝土及预应力混凝土桥梁构件出现明显损伤或产生明显的变形、移位，应根据特殊检测评估做设计，进行修复或加固
主梁挠度超限	车辆超载、荷载过大；支承结构不完善、主梁刚度不足等	结构评估、提出加固措施	钢筋混凝土或预应力混凝土主梁挠度超过规定允许值时，应进行结构评估，并提出加固措施
横、纵向联结件开裂、断裂、松动、脱焊	设计不当、施工不良；横向荷载分布不均；碰擦、撞击等	更换、补焊、帮焊	—

表 F.4 钢结构梁桥常见病害原因及维修对策

病害类型	病害原因	维修对策	对策说明
变色、起皮、剥落	日晒、自然侵蚀;施工不良等	重新涂装	a)油漆部分失效,钢杆件生锈,应及时除锈补漆;大面积油漆失效,可清除失效面漆,清除失效底漆后加涂两层面漆;
钢件锈蚀、孔洞	自然侵蚀、化学腐蚀;施工不良等	除锈、涂装加固	b)油漆大部分失效透锈时,应全部清除后,重新打底漆和涂面漆; c)当钢件表面锈蚀严重、孔洞时,应加固或更换。
高强螺栓与铆钉松动、断裂、损失	超应力、过度振动、疲劳破坏;环境腐蚀、板间锈蚀膨胀;塑性变形;施工不良等	紧固、更换	a)对大型节点,高强螺栓同时更换的数量不得超过该节点螺栓总数的10%,对螺栓少的节点应逐个更换; b)当拆除原有受力铆钉或增加、扩大钉孔时,除应设计计算原结构和加固联结件的承载能力外,还应校核板件的净截面面积的强度。
焊缝开裂	荷载过大、应力集中;疲劳开裂;焊接施工不良等	焊接加固	焊接连接的构件,焊缝处若发现裂纹、未熔合、夹渣、未填满、弧坑等缺陷时,应进行返修焊,焊后的焊缝应随即铲磨均匀。
钢构件裂纹	荷载过大、应力集中;疲劳开裂;材质劣化;施工不良等	焊接修复;嵌板修复;附加盖板修复;抽换杆件或换梁	a)钢构件发现裂纹应检查评估,根据不同原因确定处理措施; b)裂纹严重,影响桥梁安全时,应抽换杆件或换梁。

病害类型	病害原因	维修对策	对策说明
钢构件变形	荷载过大;外力冲击;构件失稳;严重锈蚀;火灾;施工不良等	矫正;加固或更换	a)分析杆件出现局部变形的原因; b)若变形值在规定值范围内,应予以矫正或补强; c)如同一杆件同一部位变形矫正后再次变形,应对此杆件进行更换; d)要求杆件弯曲率不超过下列规定:压杆为其长度的1/500,拉杆为其长度的1/300;对于超标弯曲杆件,应及时校直。

表 F.5 圬工拱桥病害及维修对策

类型	病害类型	病害原因	维修对策	对策说明
圬工拱桥	砌体表面风化、剥落	自然侵蚀	表面修补更换砌块	—
	勾缝砂浆脱落	砂浆强度不足；雨水侵蚀；温差变化；施工质量欠佳等	重新勾缝	—
	砌块压碎、断裂、松动脱落	砂浆强度不足、填缝不饱满、渗（雨）水侵蚀、黏结砂浆失效、外物撞击等	表面修补更换砌块重新勾缝	a）圬工砌体的边角压碎、砌块断裂，干砌石拱桥砌缝张口等，可用水泥砂浆修补； b）若个别块体压碎或脱落，应用新的块体填塞更换，更换时应保证嵌挤或填塞密实。
	拱圈横向裂缝	主拱圈厚度不足、强度不够；基础沉降、墩台位移；拱圈受力不对称等	压浆修补加固	a）圬工拱桥裂缝可用压注水泥砂浆或其他化学浆液的方法进行修补，对于受力裂缝，压浆法修补裂缝应和相应的加固措施结合； b）圬工拱桥出现横向裂缝应加固； c）圬工拱桥横向刚度较小，纵向产生裂缝时，应采取钢板箍（或钢拉杆）与螺栓锚固的加固措施。
	拱圈纵向裂缝	拱圈截面不合理；横向联系不足、荷载横向分布不均；拱圈砌筑质量差；墩、台基础上、下游不均匀沉降等		

117

类型	病害类型	病害原因	维修对策	对策说明
圬工拱桥	侧墙开裂、变形	填料不实、拱腔积水;墩台与主拱变形;砌筑质量差等	压浆修补重砌加固、改造	a)侧墙若发生较大变形、开裂,应查明原因并做相应处理; b)若是填料不实,或拱腔积水,应开挖拱上填料,修补防水系统,拆除鼓凸部分侧墙后重新砌筑,重新回填拱上填料及重做路面,也可酌情换用轻质填料或加大侧墙尺寸; c)若发现侧墙与拱圈之间脱开,或侧墙上有沿砌缝成锯齿状开裂,应检查墩台与主拱的变形。开裂轻微且不再发展的,可做一般修补裂缝处理。若开裂严重或裂缝在发展中,应考虑加固、改造方案。
	桥面下沉	重载车辆碾压;施工压实不足等	换填料重新夯实	—

附　录　G

（资料性附录）

常见病害原因及维修对策

表 G.1　支座常见病害及维修对策

病害类型		病害原因	维修对策	对策说明
板式橡胶支座	橡胶裂纹	橡胶老化、变质；支座质量不良等	分析原因；加强监视、检测；更换	a)龟裂，裂缝宽度小于 0.5mm 无水平裂缝可不做处理； b)裂缝宽度 0.5mm～1mm，水平裂缝长度大于相应边长 10% 应加强检查、维修； c)裂缝宽度 1mm～2mm，水平裂缝长度大于相应边长 25% 应加强监控，必要时分析采取修复措施； d)裂缝宽度大于 2mm，水平裂缝长度大于相应边长 25% 应尽快分析采取修复措施； e)裂缝宽度大于 2mm 水平裂缝长度大于相应边长 50% 应立即更换支座。
	中间钢板外露	橡胶老化、变质；荷载过大、受力不均；支座质量不良等	维修；更换	a)钢板局部外露应立即采取维修措施； b)外露长度大于 100mm，应立即更换支座。
	剪切变形过大	橡胶老化、变质；荷载过大、受力不均；支座质量不良等	更换	a)由整体温升温降、收缩和徐变超过相应规格支座水平方向产生的剪切变形限值； b)恒载标准值和活载标准值作用下支座的容许转角正切值（tan＞0.7）时应立即更换支座。

病害类型		病害原因	维修对策	对策说明
板式橡胶支座	不均匀变形（鼓凸）、脱胶	荷载过大；支座质量不良等	调整复位	支座出现不均匀压缩变形应及时顶升调整复位。
	脱空	水平位移；受力不均；施工不良等	支垫钢板；调整复位	支座出现脱空应及时进行调整，对于小桥可采用楔入钢板调整。
	支座错位	受力不均；外力作用等	调整复位；更换	a）错位小于相应边长25%应及时顶升调整复位； b）错位大于相应边长25%应立即更换支座。
盆式橡胶支座	钢件裂纹、变形	荷载过大、受力不均、疲劳破坏等	加强监视、检查；更换	a）盆底四角翘起，应采用不低于支座垫石强度的聚合物或环氧砂浆填补，并应加强检查； b）盆环开裂应立即更换支座； c）其他部位开裂应涂装修复，并加强监视，注意裂纹的发展。
	钢件脱焊	荷载过大、受力不均、疲劳破坏、焊接不良、焊缝锈蚀等	补焊、加强检查；更换	a）盆环脱焊应立即更换支座； b）非主要受力部位脱焊应进行补焊并加强检查。
	聚四氟乙烯板磨损	长期磨耗；设计、安装不当；环境腐蚀等	加强检查、维护；更换	聚四氟乙烯板外露高度小于0.2mm时，应立即更换支座。

病害类型		病害原因	维修对策	对策说明
盆式橡胶支座	位移超限	由于设计及安装不当造成支座聚四氟乙烯板滑出不锈钢板板面范围	复位；加强维护、监视	a）超限≥10mm，应及时安装复位； b）超限＜10mm，应加强维护、监视，可不处理。
	转角超限	荷载过大、受力不均等	加强监视；调整复位	a）超出设计转角20%，应尽快调整复位； b）超出设计转角10%，应加强监视，可不做处理。
	锚栓剪断	锈蚀；荷载过大、受力不均、疲劳破坏等	加强监视；更换	a）剪断50%，应立即更换支座； b）剪断20%，应及时采取修复措施。
	钢盆锈蚀	环境腐蚀等	涂装修复；加强维护	钢盆出现锈蚀应用原涂装材料修复。
钢支座	钢部件裂损、脱焊、锈蚀、磨损	荷载过大、受力不均；环境腐蚀等	更换；补焊；除锈、涂装	a）钢部件主要部位折断、钢件磨损凹陷≥3mm时，应立即更换支座； b）钢件局部补焊应控制温度； c）钢件除锈、涂装应注意保护钢辊和滚动面。
	销钉剪断、支座锚（螺）栓松动及剪断、牙板挤死与折断、辊轴连杆螺栓剪断	锈蚀；荷载过大、受力不均、疲劳破坏等	维修；更换	当锚固件及定位件失效，支座不能正常工作时，应更换支座。
	活动支座不活动	锈蚀、卡死等	维修	活动支座不活动应及时进行维修。

病害类型		病害原因	维修对策	对策说明
球形支座	橡胶密封圈龟裂、老化	环境腐蚀、橡胶变质等	加强维护；更换	a)当橡胶密封圈龟裂、老化时，应加强对支座的除尘、维护； b)当橡胶密封圈老化严重，造成支座内部积尘、腐蚀严重，影响支座活动时，应更换。
	转角超限	荷载过大、受力不均等	加强监视；调整复位	a)超出设计转角20%，应尽快调整复位； b)超出设计转角10%，应加强监视，可不处理。
	锚栓剪断	锈蚀；荷载过大、受力不均、疲劳破坏等	加强监视；更换	a)剪断50%，应立即更换支座； b)剪断20%，应及时采取修复措施。
	钢盆锈蚀	环境腐蚀等	涂装修复；加强维护	钢盆出现锈蚀应用原涂装材料修复。
支座垫石	垫石混凝土碎裂、剥落、锈胀露筋	荷载过大、受力不均、外力作用等	表面修补；重做垫石	a)垫石表面剥落、露筋等病害面积小时，可除锈后用不低于原垫石强度的聚合物或环氧砂浆修补； b)当垫石碎裂或病害面积过大影响承压时，应顶升后重做垫石。
	底板翘起、扭曲、断裂、开焊	荷载过大、受力不均、外力作用等	维修；更换	支座底板翘曲、断裂，应予更换和补充，焊缝开裂应予维修。

表 G.2 钢筋混凝土墩台裂缝类型、主要特征和原因及维修对策

病害类型	主要特征和原因	维修对策	对策说明
墩台网状裂缝	a)多发生在常水位以上墩身的向阳部位; b)多由内外温差产生的温度拉应力造成; c)混凝土干燥收缩产生。	表面封闭 灌浆 表面修补	a)裂缝宽度小于规定限值时,应进行封闭处理; b)裂缝宽度大于表9.1.2规定限值且小于0.5mm时,灌浆;大于0.5mm的裂缝应修补; c)表面封闭和压力灌浆见本标准混凝土裂缝修补工艺; d)对于墩台的长裂缝,可进行插筋补强或拉筋补强,补强方法应进行设计; e)当支座失灵造成墩台拉裂时,应修复或更换支座,并维修裂缝; f)由于基础不均匀沉降而产生的裂缝,应先加固基础;产生贯通墩台的竖向裂缝,数量较多且有新的发展,应对其进行安全技术评估后,确定维修加固方案;需要加固时,可采用钢筋混凝土围带、粘贴钢板箍或加大墩台截面的方法进行加固; g)加固方案应进行专项设计。
从基础向上发展至墩台上部裂缝	a)裂缝上宽下窄,而往往有发展趋势; b)基础不均匀沉降造成; c)墩台非一次浇完,先浇筑的部分收缩完成得早,限制后浇混凝土收缩,导致开裂。	表面封闭 灌浆 加固基础	
墩台水平裂缝	a)裂缝呈水平层状; b)混凝土灌注不良造成。	表面封闭 灌浆 加固墩台	
翼墙和前墙裂缝	墙间填土不良、冻胀或基底承载力不足、下沉或外倾而产生开裂。	表面封闭 灌浆 加固基础墩台 换填土	
由支座垫石从下向上发展的裂缝	a)墩台帽在支座垫石下未布置钢筋所致; b)受到较大的冲击力。	表面封闭 灌浆 重做支座垫石	

病害类型	主要特征和原因	维修对策	对策说明
桥墩墩帽顺桥轴线横贯墩帽的水平裂缝	主要由于局部应力所致,因梁和活载作用力集中通过支座传至桥墩,使其周围墩顶其他部位产生拉应力;也可能由于支座损坏而引起。	表面封闭灌浆加固桥墩更换支座	a)裂缝宽度小于规定限值时,应进行封闭处理; b)裂缝宽度大于表9.1.2规定限值且小于0.5mm时,灌浆;大于0.5mm的裂缝应修补; c)表面封闭和压力灌浆见本标准混凝土裂缝修补工艺; d)对于墩台的长裂缝,可进行插筋补强或拉筋补强,补强方法应进行设计; e)当支座失灵造成墩台拉裂时,应修复或更换支座,并维修裂缝; f)由于基础不均匀沉降而产生的裂缝,应先加固基础;产生贯通墩台的竖向裂缝,数量较多且有新的发展,应对其进行安全技术评估后,确定维修加固方案;需要加固时,可采用钢筋混凝土围带、粘贴钢板箍或加大墩台截面的方法进行加固; g)加固方案应进行专项设计。
双柱式桥墩下承台的竖向裂缝	a)桩基不均匀下沉; b)局部应力过大。	表面封闭灌浆加固基础	
支承相邻不等高的墩盖梁上的竖向裂缝	a)裂缝多位于雉墙棱角部位及中线附近,严重时部分混凝土剥落露筋; b)局部应力过大。	表面封闭灌浆加固盖梁	
墩台盖梁从上至下的垂直裂缝	桩基不均匀下沉而引起盖梁上缘拉应力过大,导致开裂。	表面封闭灌浆加固盖梁加固基础	
墩台镶面石裂缝	a)多为不规则裂缝; b)镶面石与墩台连接不良。	表面修补	
悬臂桥墩角隅处裂缝	局部应力过大。	表面封闭灌浆加固桥墩	

表 G.3　墩台其他常见病害原因及维修对策

病害类型	病害原因	维修对策	对策说明
砌体勾缝砂浆脱落	砂浆强度不足；雨水侵蚀；温差变化；施工质量不良等	重新勾缝	具体操作见 7.3.2.6
砌体表面风化、剥落	自然侵蚀	表面修补更换砌块	具体操作见 7.3.2.7
混凝土表面蜂窝、麻面、松散、起皮、空洞、剥落、露筋	雨雪腐蚀、风化；钢筋锈胀；车辆撞击；施工不良等	表面修补	a) 当墩台受水浸、风化剥落深度在钢筋保护层以内时，可采用高强度聚合物类防水材料修补； b) 当剥落深度超过保护层，且损坏面积较大时，应对钢筋进行除锈补强，增设钢筋网与桥台锚固，浇筑高强度聚合物类混凝土予以裹覆； c) 在水位变化频繁处，涂刷高强度聚合物类防水材料防护； d) 当墩台损坏严重，如出现大面积开裂、破损、风化、剥落时，可采用钢筋混凝土"箍套"加固，对结构基本完好，但承载能力不足的圆柱形墩柱可用包裹碳纤维片材的方法加固。
倾斜、变形、位移	偏载；冻胀；砌筑不良；台背土压力过大；基础沉降等	加固	a) 当墩台出现倾斜时，应验算其稳定性，采用相应的加固措施； b) 当墩台出现变形时，应查明原因，采取针对性措施进行加固； c) 当墩台发生水平位移和倾斜，超过设计允许变形时，应分析原因，确定维修加固方案。U 形桥台的翼墙外倾时，可在横向钻孔加设钢拉杆，钢拉杆固定在翼墙外壁的型钢或钢筋混凝土梁柱上； d) 当连续梁桥墩台和拱桥的不均匀沉降值超过设计允许变形时，应查明原因，进行加固处理和调整高程。

表 G.4　人行天桥常见病害原因及维修对策

病害位置	病害类型	病害原因	维修对策
钢筋混凝土主梁	裂缝	温度、混凝土收缩、施工不良;结构裂缝等	表面封闭、压力灌注 结构裂缝应专项检查
	混凝土表面蜂窝、麻面、松散、起皮	风化、雨雪腐蚀、混凝土质量不佳、施工不良等	表面修补
	混凝土表面空洞、剥落、露筋、开裂等现象	钢筋锈蚀、车辆撞击、保护层太薄、碳化深度大、风化、雨雪腐蚀等	表面修补
钢结构梁铝合金梁	变色、起皮、剥落	日晒、自然侵蚀;施工不良等	重新涂装
	锈蚀	自然侵蚀、化学腐蚀;施工不良等	除锈、涂装
	焊缝开裂	荷载过大、应力集中;疲劳开裂;焊接施工不良等	焊接加固
	构件裂纹	荷载过大、应力集中;疲劳开裂;材质劣化;施工不良等	焊接修复、嵌板修复、附加盖板修复、抽换杆件或换梁

病害位置	病害类型	病害原因	维修对策
桥面、梯道、踏步	钢结构锈蚀、损坏	自然侵蚀、化学腐蚀；碰擦、撞击等	除锈、涂装、修复
	混凝土裂缝、破损露筋	温度缩胀、混凝土收缩；碰擦、撞击；风化；钢筋锈蚀等	修补
	塑胶面拥包、脱落	塑胶层与基层结合不良；自然侵蚀；老化等	修补、更换
	防滑层磨耗、破损	自然侵蚀；老化等	修补、更换
	桥面砖脱落	砂浆强度不足、填缝不饱满；渗（雨）水侵蚀、黏结砂浆失效等	重新铺砌
栏杆	栏杆锈蚀、缺损	涂装质量不良；自然侵蚀；碰擦、撞击等	油饰、更换
	栏杆防撞墙破损	自然侵蚀；碰擦、撞击等	修补
伸缩缝	破损、缺失	自然侵蚀；老化等	更换
支座	脱空、错位、损坏	受力不均；外力作用；车辆撞击等	调整复位、支垫钢板更换支座